销售冠军成交智慧

杜 涛 编著

企业管理出版社
ENTERPRISE MANAGEMENT PUBLISHING HOUSE

图书在版编目（CIP）数据

销售冠军成交智慧 / 杜涛编著 . — 北京 : 企业管理出版社 , 2018.2

ISBN 978-7-5164-1669-3

Ⅰ. ①销…　Ⅱ. ①杜…　Ⅲ. ①销售－方法　Ⅳ. ①F713.3

中国版本图书馆 CIP 数据核字 (2018) 第 025995 号

书　　名: 销售冠军成交智慧

作　　者: 杜　涛

责任编辑: 陈　静

书　　号: ISBN 978-7-5164-1669-3

出版发行: 企业管理出版社

地　　址: 北京市海淀区紫竹院南路 17 号　　邮编: 100048

网　　址: http://www.emph.cn

电　　话: 编辑部 (010) 68701661　发行部 (010) 68701816

电子信箱: 78982468@qq.com

印　　刷: 三河市嘉科万达彩色印刷有限公司

经　　销: 新华书店

规　　格: 170 毫米 × 240 毫米　16 开本　18.5 印张　247 千字

版　　次: 2018 年 2 月第 1 版　　2018 年 2 月第 1 次印刷

定　　价: 59.00 元

冠军团队颁奖

销售冠军
特训营

风起云涌，全力以赴，勇夺第一

百业联盟+万店连锁+大众创业+万众创新

《序言》

孙子兵法十三篇就讲一个字“势”；《道德经》仅仅5284字就讲一个字“势”。销售冠军不一定是最努力的人，但是销售冠军一定是最懂“势”的人，销售冠军一定是最有智慧的“智慧势”的人，所以最终成为销售冠军，最后成为董事（势）长，懂势才能成就大事业！

销售冠军成交智慧，更好地迎接5G时代。

销对场景，价值优势占心智，价值思维导向爆业绩。

售对顾客，成交业绩引爆品，爆品思维导向爆业绩。

卖对框架，产品就能卖高价，框式思维导向爆业绩。

卖错框架，再好的产品也廉价，成交思维导向爆业绩。

免费模式，让更好的产品免费销售给所有的人，免费思维导向爆业绩。

营销，销售，成交，人生就是一场永不停息的、伟大的销售成交智慧历史剧！演个不停，说个不停，只是舞台不一样，戏因舞台不同，戏也不同。无论如何，只要你全力以赴，用心且具有责任感地付出，一切都很精彩，因为你的优秀卓越成交了这一切。人生如戏，戏如人生，精彩人生你我他（她）！祝愿你成为你人生最伟大的销售冠军，让你的事业，让你的人生更加灿烂辉煌！

世界销售冠军们:

乔·吉拉德（Joe Girard）被《吉尼斯世界纪录大全》誉为“世界最伟大的推销员”，他创造的12年单人销售13001辆汽车的纪录至今无人打破。他是世界汽车销售冠军!

汤姆·霍普金斯（Tom Hopkins），全世界单年度内销售最多的房地产销售冠军，平均每天卖出一幢房子。至今他仍是这项吉尼斯世界纪录的保持者。

博恩·崔西（Brian Tracy），美国首屈一指的个人成长权威人士，在成功学、潜能开发、销售策略及个人实力发挥等各方面拥有独树一帜的心得。博恩·崔西是当今世界上个人职业发展方面最成功的演说家和咨询家之一，为全球60多个国家的5500万人做过培训。

金克拉（Zig Ziglar）是全美公认的“销售冠军”，同时也是世界激励大师。

原一平（日本保险销售大师），23岁走上保险销售之路，36岁业绩全日本第一，59岁成为美国百万圆桌俱乐部成员。

哈维·麦凯（Harvey Mackay），人际关系大师，全球五大演说家之一，美国抢手的商业代言人，被《财富》杂志称为“万能先生”。

罗杰·道森（Roger Dawson），美国POWER谈判协会创始人兼首席商业谈判大师。

杰·亚伯拉罕（Jay Abraham），美国亚伯拉罕集团的创始人，具有传奇色彩的营销大师，被誉为“世界上最伟大的市场行销智囊”“直接营销鬼才”。

柴田和子，16年蝉联日本保险销售冠军，被业界称为“日本保险女皇”“东方的班·费德雯”。

马里奥·欧霍文（Mario Ohoven），德国人，销售大师，曾连续三次获得“世界销售冠军”的殊荣。

还有世界成功学权威华人陈安之导师，世界销售冠军女神徐鹤宁导师等！

杜涛老师十多年来一边在一线市场实战销售、培训和咨询，一边研究世界各国的销售冠军们的销售绝对成交技法、战法和方法，最终掌握了一套科学、高效、实战的销售冠军成交智慧系统，服务所有想要实现销售冠军梦的企业、团队和个人。

任何人，在任何地方，将产品轻松地卖给任何人，把钱收回来

“变化”是这个时代的主题词，营销和销售成了这个变化时代的基本形态，营销资源核心竞争转向“销售智慧核心”竞争力，“销售成交智本”比资本更具核心优势。这个时代不仅仅是移动互联网技术带来颠覆性变化，更多的是将价值、资源、规律、智慧、营销、模式、销售、成交、冠军等21世纪的智慧资本带给人类！……这个时代，唯一不变的是变化，一切都将面临巨大的变化，“互联网新思维+智本+销售+冠军+成交+智慧+免费模式”将为我们打开一个全新的、辉煌的未来。

销售成交无处不在，在每天的工作中、生活中，成交让你的一生变得幸福！

移动互联网时代，受诸多因素影响，众多企业的业绩严重下滑，利润越来越少，成本越来越高，人员流动加大，销售精英难留。互联网横行霸道：电商、微商、消费商、分享、免费模式等迅猛突起。消费者保守消费、选择消费、理性消费、少消费、抗拒消费。销售人员怎么办？如何突围？路在何方？业绩何在？

如何突破企业靠产品及品牌赚钱的时代，找到更多隐形的营销盈利点、突破点、销售成交点？如何设计企业的免费销售新模式，建立更多、更有效的营销与销售成交智慧“引流”入口系统？如何设计自身的营销策略、通路、渠道、网络、销售成交溢价模式？如何避免销售打价格战、同质化战、同模式战？如何构建自身的销售成交盈利新商业系统，使企业销售持续盈利业绩倍增，销售成交自动运转？如何设计自身的销售成交交换模式，借势、借力、借智、借专才让销售业绩持续快速飙升？在这个随时遭遇跨界打劫的时代里，大中小企业的品牌与产品营销及销售出路在哪里？突围口在哪里？突破点在哪里？聚焦点何在？成交定位点何在？

人是销售成交的一切根本，抓住人心，成交人心，才是销售成交的最高智慧与力量！

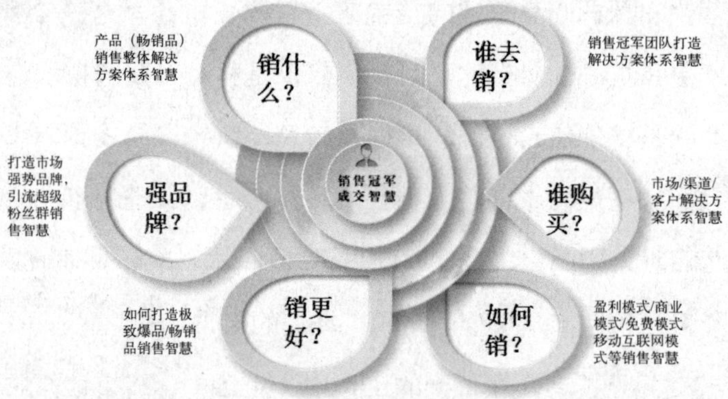

没有营销模式创新突围，就一定没有销售成交突破，就没有未来突起！什么样的销售成交模式能创造奇迹，创造无限未来？

销售冠军成交智慧新商业模式时代开启：

〇 销售冠军成交模式背后的核心、套路、战法、免费模式是什么？

〇 怎样结合自己的产品与品牌及渠道和消费者，设计引爆销售成交模式点？

〇 怎样通过产品及品牌引爆营销策略赚大钱？爆业绩？倍增利润？成

畅销品？

○ 企业利润越来越少，利润点越来越单一，企业怎么生存？怎么有理想的未来？目标何时才能达到？

其实销售冠军成交智慧是一门简单的销售成交智慧学科，依据心理学、逻辑学、思维学、哲学、经济学、统计学、分析学、领导力学、品牌学、新营销学、新市场学、新渠道学、新零售学、新消费学等组成。将产品与品牌销售出去，把钱收回来！关键就是要清楚客户的心理价值，识明与征服客户的内心世界，抢占客户的心智需求最高点，然后满足客户的真实需求，客户才会真正认同你的品牌，你的产品，你的服务，你的团队，你的企业，才能购买产品，才会自动分享产品价值，从而使产品和品牌获得良好的口碑。

世界权威销售冠军成交大师乔·吉拉德曾明确指出：销售的成功与销售人员对人心的掌握有着密不可分的逻辑联系。恰当的心理策略能帮助销售员取得成功。很多销售员没有业绩，是因为没能读懂、读透客户的内心，成功的销售总是以客户需求心理的洞察和把握为基础的，这就要求销售员熟知客户心理，了解其所思所想，投其所好，绝对成交，业绩倍增，达到销售冠军成交的目标！

销售冠军成交智慧秘诀

“人是基于问题才会产生需求！要让客户购买产品，首先要找出客户现在所面临的问题（找痛），这个问题也就是他的伤口（挖痛），我们要扩大他的问题（扯伤口——解痛），问题越大就激发出他越大的需求（治痛），我们的产品正是能满足他需求的解答方案，所以我们所销售的不是产品本身，而是某一个问题的客户全方面解决方案，我们是在销售最有价值的成交方案！”

例如，顾客讨价还价，想以最低的价格买到最好的物品，这是客户想买到“价值”的心理。销售员可以利用价值营销策略，在销售成交中给予客户一定的好处，提供给客户想要的“价值”。客户感觉受到冷遇，转身想走，这是客户想“被尊重”的心理价值。销售员可以与客户建立起“互悦场景”，拉近与客户的心理距离，让客户感到“被重视”。客户投诉抱怨，指责销售员的服务态度，这是客户想“被重视”的心理。销售员可以利用“体验情感营销”策略，把销售做成一种体验式、互动式的高值服务，与客户结下“销售成交情感缘链接”。

现在就是一个用户为王、跨界无边的时代。移动互联网时代，很多商业模式、盈利模式、爆品品牌不断地横空出世，冷不防地冲进某个领域，在其中杀个天昏地暗，片甲不留。

成交智慧之“互联网思维营销模式”

移动互联网智慧销售策略——就是把客户变成朋友！

销售策略之一“服务号，订阅号，分开选择真重要。”

销售策略之二“服务要，订阅要，客户骚扰要减少。”

销售策略之三“业务多，客户多，选择服务多美好。”

销售策略之四“初来到，想引导，选择订阅刚刚好。”

销售策略之五“客围绕，人不少，选择服务是正道。”

销售策略之六“有提醒，有查询，想想服务真周到。”

销售策略之七“有客服，有在线，实时服务才可靠。”

销售策略之八“有目标，不急躁，品牌形象好创造。”

销售策略之九“不心焦，有技巧，品牌传播才有效。”

借助互联网思维营销工具，快速打通线上线下销售，锁定、拦截、成交优质客户。将新营销“势”放在前面，无招胜有招，做到不销而销！

销售冠军绝对成交智慧，很大程度上是对顾客消费心理的精准把控与解码。看透客户的真实心理与需求，就可以找到销售成交的突破口与机会点。本书以“新营销思维与新零售思维+移动互联网思维模式的著名案例：将梳子卖给寺院主持大师”的营销经典案例为证，分享其中的成交智慧与销售秘诀，讲述攻心、读心、锁心、收心、交心等销售成交心法的高超智慧，帮助销售员解读客户成交心理智慧密码，提升业绩倍增的王道。梳子与主持大师之间的关系就像品牌产品与客户的营销成交关系一样，怎样吸引客户，说服客户，成交客户，让客户真心感动持续成交，不仅是简单的语言能力，还需要销售员充当营销专家的角色，解客户之所急，急客户之所需。

成交智慧秘诀

成交智慧之一：同频 —— 销售出奇制胜，如何设框？

成交智慧之二：同心 —— 调整自己的情绪达到巅峰状态，如何找框？

成交智慧之三：同行 —— 精准开发与接触新客户，如何布框？

成交智慧之四：同在 —— 建立与客户的信赖感，如何解框？

成交智慧之五：同享——找出客户的问题、需求与渴望，如何破框？

成交智慧之六：同值——准确塑造产品延伸价值，如何修框？

成交智慧之七：同信——解除客户的反对意见，如何补框？

成交智慧之八：同拥——销售冠军成交策略设计，如何圆框？

成交智慧之九：同乐——让客户转介绍，分享消费快乐，如何用框？

成交智慧之十：同服——极致服务客户，打造钻石VIP，如何藏框？

成交智慧之十一：同盟——跨界，整合销售，众筹成交，如何变框？

成交智慧之十二：同冠——永远成为销售冠军，如何生框？

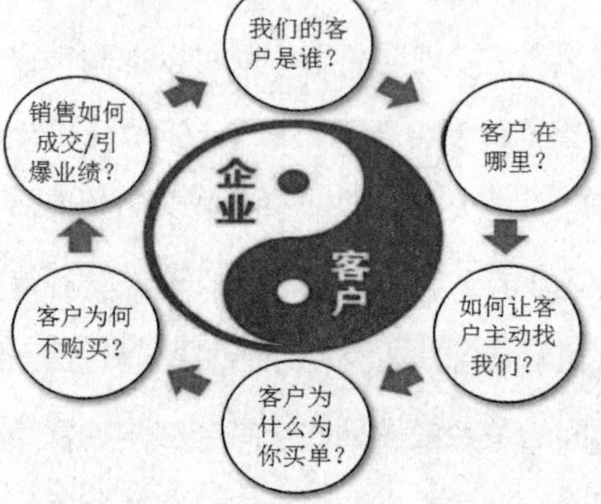

本书共11章，其关键性内容介绍如下：销售冠军成交智慧是什么，销售冠军如何成交，如何成为销售冠军，销售冠军如何成交产品，客户才会更好的购买；如何从“销”产品升级到“吸”客户，如何从“吸”客户到“影响”客户，再到客户主动“要”产品，再到客户“抢”产品的成交法；从一般产品到“品牌”产品，从“品牌”产品到打造“畅销品”，再到“爆品”，最后成为“尖叫品”。怎样了解客户，感动客户；怎样攻破客户的一般性心理防线，成交客户等。解码客户的心理消费世界，译码什么是：“体验营销”“价值营销”“爆品营销”“感动营销”“尖叫营销”“服务营销”“吸引营销”“分享营销”“品牌营销”“名人营销”“大数据营销”“微信营销”“感恩营销”“互动营销”“分享营销”“网络营销”“O2O营销”“线上线下营销”“全渠道营销”“微商营销”“思维营销”“打击营销”“联盟营销”“免费模式”等系统、全面的销售冠军成交智慧，为广大读者介绍销售冠军成交智慧的商业高级译码秘诀！

本书结合杜涛导师十多年来的营销与销售实战、销售冠军成交智慧真实案例与心法智慧，为读者提供一些特实用、很有效、提业绩、抓重点、定方向、聚核心的销售冠军成交智慧思路与销售成交智慧理念，对刚毕业的大学生、营销业务人员、互联网营销人员、销售业务、销售主管、销售经理、销售总监、营销经理、营销总监、营销总经理、营销总裁、董事长等具有很强的指引与帮助意义。本书引导读者了解和破译销售冠军成交智慧背后成交与失败的绝对机密，通过解读客户最高心理，帮助读者解决销售冠军成交智慧过程中的任何问题，让你感同身受，置身其中。希望更多的销售精英能从本书中学到对你有帮助的销售冠军成交智慧与力量，服务企业销售发展，提升销售业绩，引爆盈利，实现梦想！

市场就是战场，战场是用智慧来取胜的，不是硬拼的，用智慧的力量来破译销售成交中的一切问题，将不再是问题！

如何成为销售冠军，与各位营销与销售培训同行、企业家、营销与销售专家共同探讨，共同分享，共同学习，服务更多的企业，将营销与销售做好，引爆销售业绩，成为企业与行业销售冠军团队、销售冠军个人、冠军品牌！

在此感谢各位专家、学者、企业家、同行、老领导、老同事、老同学、营销与销售领域的权威人士、行业销售精英们及家人等的大力支持、指导、帮助、厚爱！

特别要感谢清华大学企业竞争力研究中心副主任邢鑫教授，北京大学企业与教育研究中心主任吴峰博士、教授，海尔集团海尔大学执行校长孙中元教授，中山大学管理学院EMBA总裁班项目主任康鹏胜老师，昆明理工大学李少杰博士、教授，宁夏汇达集团董事局主席豆孝明，健纺集团营销总经理杨春红，新怡集团原董事长陈伟强，香港依黛丽集团董事长兼总裁危志强，总裁演说家导师罗成教授，原康美药业HR总经理/新怡集团HR高级总监郭马兵，联邦集团营销总裁钟海舟，联邦集团HR总经理王汉东，慕思集团HR高级总监兼总裁办公室主任朱建林，中国实战绩效专家“绩效管理九步走”创始人刘文明导师，沈阳汇达千红裕博斐珑葡萄酒总代王百和总裁，炎帝集团营销总裁（大使）杨华等给予的帮助、指导、支持！感恩所有支持、帮助、指导我出版此书的亲朋好友！

杜涛

2017年9月5日于广州

目录

第一章 冠军思维成冠军，销售核心在成交

第一招　成交重在思维妙，引爆业绩步步高

王军是一家快销食品企业的营销总监，他所带的销售团队有180人。由于市场竞争原因，他所在部门的业绩在2016年不仅提升不了，反而严重下滑。在这种情况之下，王总监不得不重新思考销售的突破之道。

第一个思考：

移动互联网时代，消费者真正的需求是什么？怎么让产品会说话？如何让品牌与消费者自主沟通情感，发生关系？如何黏贴消费者引发销售流量？

第二个思考：

竞争对手做到了什么？没做到什么？我们做到了什么？没有做到什么？优势、劣势、威胁、机会分别又是什么？

第三个思考：

我们的资源优势在哪里？我能做到什么？团队能做到什么？全国经销商又能做到什么？各终端商又能做到什么？

第四个思考：

如何进行全面分析找准突破口？

王总监通过对公司营销团队、经销商、终端商、消费者及竞争对手等进行系统全面的市场调查，研究、了解、分析后，认为现有销售存在的问题是：

○ 没有完善的营销体系；

○ 没有正规的营销销售系统培训；

○ 没有科学的营销市场、渠道、客户、消费者管理理念与能力；

○ 没有扎实的营销平台；

○ 没有先进的营销软件；

〇 没有超前的营销团队；

〇 没有持久的储备力量；

〇 没有强大的合作伙伴。

于是，王总监制订了2017年销售渠道业绩爆破行动计划，如下表所示。

序号	项目	负责部门	1	2	3	4	5	6	7	8	9	10	11	12	目标费用预算
1	渠道模式设计	市场部/销售大区	☺												
2	区域工作目标的制订	销售大区/办事处	☺										☺		
3	渠道优化调整	销售大区/办事处	☺	☺	☺	☺	☺								
4	重点二批及终端的确定	办事处/销售大区	☺	☺	☺	☺	☺	☺							
5	产品种类及价格调整	营销公司	☺												

续表

序号	项目	负责部门	1	2	3	4	5	6	7	8	9	10	11	12	目标费用预算
6	办事处各片区工作计划的制订	办事处/销售大区	☺											☺	
7	全国经销商会议及培训	营销公司	☺											☺	
8	一批及二批协议的签订	销售大区/营销公司	☺	☺	☺	☺	☺	☺						☺	
9	区域二级经销商会议	销售大区	☺	☺	☺										
10	渠道成员档案建立	营销服务部	☺												
11	销售政策及管理评估	营销公司		☺					☺					☺	

王总监系统、科学地思考后，重新梳理整个新营销、新零售销售模式，公司的业绩很快提升起来，2017上半年销售业绩增长了50%，达5亿多元，公司成为行业的销售冠军。

销售冠军读后感悟		
序号	读后感悟	智者之心声
01	您的高看法	
02	您的新想法	
03	您的好建议	
您智慧的发现		

销售冠军成交智慧之经典案例

销售冠军借力法则：无招胜有招，无中生有术，借力打力不费力

有两个销售梳子的销售员，有一天路过一座大寺院。一位销售员说："为什么我们会来到这个怪地方，这里全是出家修行的和尚，怎么会购买我们的产品——梳子呢？这有可能吗？不要做白日梦了。"随即他失望转身而去，很快消失在另一位销售员的视野中。

难道真的没有销售市场吗？无法将梳子卖给无发的和尚吗？请你用互联网思维——"无中生有法"进行思考。

销售冠军成交智慧之核心：没有市场，"生发"市场；没有客户，"创造"客户；没有消费，"制造"消费；没有故事，"创造"故事；没有销售模式，"设计"销售模式！

在现实销售过程中，很多人认为这些是不可能的事情，比如，认为没市场，认为没客户，认为没人购买，认为没办法成交，认为找不到销售成交突破口，认为产品不好，认为公司不好，认为价格太高，认为自己不好，认为销售政策不好……试想，真的是这样吗？

销售冠军成交重在有强悍的心理销售素质：将不可能变为可能，心法是关键。先打开自己的智慧脑洞，并洞若观火，深思其中销售成交点："无中生有法"。

留下的一位销售员心想："我既然来到了这间寺院，无论如何也要去试一试，一定有办法成交这笔订单，完成今天的销售成交目标（目标是成交的核心力量）。连点儿自信及策略都没有，还怎么做销售呢？"经过激烈的思维顿悟后，他便走进眼前这座大寺院。

他经引见拜见了主持大师后，说："主持大师，您身为寺院住持，可知您做了天大的一件对如来佛祖大不敬的事情？"（制造营销风向标，框式销售法——找框）

主持大师十分不解地说："请教施主，老衲做何不敬之事啊？"（进入销售频道，框式销售法——设框）

"贵寺院每天走进很多善男信女，他们为了诚心拜佛求其心愿风尘仆仆而来，却是满脸污垢不堪，披头散发，这是对佛祖的大不敬、大不诚啊。您贵为本寺院住持大师，却没有好的办法，并就此视而不见，难道没有失礼吗？"留下的这位销售员真诚地对主持大师说。

主持大师听闻后为之一惊，急忙问销售员："阿弥陀佛，阿弥陀佛，敢问施主有何高见？"（同频进入销售前期——设框）

这名销售员不慌不忙地说："主持大师稍安勿躁，此为小事一件，何劳大师受惊？待香客们来到贵寺后，只要您给他们安排一间盥洗间，并放上几把梳子就行，让香客们洗完后，开心地诚拜佛祖即可。同时我教您建立香客无量微信群，让众香客进群统一管理，您可以在群里发佛法智慧知识为众香客服务，光大佛法，凝聚香客，同时香客会常发心愿红包给寺里积福，大师可用来更好地建设寺院，普度众生，造福人类！"（框式销售法——解框，为客户解痛，找到客户真正需求的原点）

销售冠军读后感悟		
序号	读后感悟	智者之心声
01	您的高看法	
02	您的新想法	
03	您的好建议	
您智慧的发现		

营销是销售冠军成交智慧的最权威智慧与力量

当主持大师听了这位销售员的营销思路与营销套路后大受启发，立即以每把6元的价格购买了108把梳子给香客使用。

把梳子卖给主持大师，听上去特别不可思议，但这名销售员就做到了，而且成交非常成功。当然，他营销的不仅仅是梳子这种产品，而是一种深度体验式营销，更是一种很好的营销成交商业创新模式。他从主持大师的角度考虑问题（消费者角度想问题），为主持大师想方设法排忧解难，无形中就成交了主持大师的心，重点是“先搞定思想，再搞定市场！”

第二天，成交的销售员将成交情况说给了另一位销售员听，此销售员喜出望外：“销售成交如此轻松？”他心想：看我的！一定要去亲自销售成交一大把，要将梳子卖出高价钱。于是他积极准备，周详计划，顿悟到其中的销售秘诀，加班加点带领团队亲自赶制了380把梳子作为自己的销售成交目标。

次日早上，这名销售员面见主持大师说：“大师，是否想过振兴佛门福报，让贵寺院名不虚传，声誉远播，香火年年更盛更旺，大师仙后功德无边吗？”

“阿弥陀佛，阿弥陀佛，肯定想啊，不知施主有何良见高法啊？”

“主持大师，众香客们来也匆匆，离去也行色匆匆啊。如果能让众香客空手而来，满意而归，将众香客的‘心’永远‘留’在这里

（回头客与转介绍高），不是更好吗？”

“那本寺中又有何物可以赠送呢？”主持大师问销售员。

“主持大师，我特为贵寺限量定制了380把精致上等名梳圣物，我在每一把梳子上都刻了贵寺的法号，并且相刻本寺德高望重的大师一位，等香客拜佛完毕临别时，高僧赠梳一把，佛报无量，声名远播，并口碑相传，待贵寺声名远扬时，将会有更多的香客慕名而来，拜佛上香，香火永旺啊！”

主持大师闻听，忙道：“阿弥陀佛，妙哉，喜哉啊！”于是这名销售员以每把12元的价格卖给主持大师380把梳子。

销售冠军读后感悟		
序号	读后感悟	智者之心声
01	您的高看法	
02	您的新想法	
03	您的好建议	
您智慧的发现		

销售冠军成交智慧点评

销售冠军成交智慧核心密码：智慧生于静，成于思，果于行！

第一位销售员快速、冷静、果断分析，用心眼观测与商业逻辑思维分析，准确锁定销售点与成交点，并快速行动，最终销售胜利成交！但是，他用的是单点成交法，客单量、客单值都不高，但销讲成交策略值得大家学习——即时（临时抱佛脚）：因地因人因时而快速行动，完成销售成交策略与思路、套路，快速进入销售成交状态。销售冠军成交智慧的最高境界是将不可能变为可能，并无中生有，天马行空，永远有一颗发现商机的心和一双发现商机的眼睛，所以设计规划引导消费成交是一切销售成交的根本。另一位销售员更善于总结，因时进行高级精准营销策划，因地无中生有，因人名利攻击性策略营销，深度挖掘客户需求，重新找到了销售成交的无限商机，精准定位聚焦营销，用迭代思维帮助客户设计规划消费需求，打开购买欲望，销售成交智慧绝对一流，无论什么样的产品都可以轻松地在任何地方销售给任何人并售到高价！

销售冠军读后感悟		
序号	读后感悟	智者之心声
01	您的高看法	
02	您的新想法	
03	您的好建议	
您智慧的发现		

成交重在好思路，销售一定好出路

第二位销售员将他销售成交的业绩告诉了第一位销售员，其深感其妙，喜悟其道，重发商机，于是对症下药，立即投入营销销售成交策划落地方案，快速下单生产2000把梳子，准备半个月后再次到寺院与主持大师销售成交！

半个月后，第一位销售员没有直接去拜见主持大师，而是挑了一个好日子化妆成香客的样子，前去拜佛进香，发现众香客很喜欢大师赠送的梳子。经过与部分香客沟通了解到，很多香客是因为想求得大师的一把福报梳子而远道结伴而来，并且很多香客是经人介绍第一次来的。销售员经过市场摸底调查后发现商机如此之大，十分开心。为了更好地销售，他观看寺院的大师们赠送梳子时的情景，发现他们的话术与方式还可以更好，可以让众香客视梳子为平安、吉祥、福报、运气的最好信物。于是，销售员决定整合营销销售策略，将梳子分为三个等级的福报名梳子。第二天，第一位销售员带上经过专业设计包装好的2000把起名叫“福报梳子”的三个品牌约拜了主持大师，并与之沟通前次梳子赠送的情况以及众香客的反映。主持大师开心地讲道：“很好！”销售员激动不已地说：“主持大师，您做了一件功德无量、普度众生的大好事，阿弥陀佛，阿弥陀佛！”

主持大师继续听销售人员说：“您还可以重修扩大寺院的规模，为那些远道而来不能当天回家的香客建造住宿的善房，积大德，更好地普度众生。”

主持大师说：“那修建善房的费用从何而来呢？”销售员说：“您从我这里购买2000把梳子，进行不同品牌的价值定位，把它们分为‘无量功大业梳子’‘品德贤良梳子’‘大智慧梳子’。如果香客认捐善款98元，可获赠‘无量功大业梳’一把，并由主持大师亲自授梳子开光一次；如果香客认捐善款68元，可获赠‘品德贤良梳子’一把，由寺院大德高僧亲自授此梳子；如果香客认捐善款48元，可获‘大智慧梳子’一把。如此广施善缘，我还会将三种品牌梳子的赠送话术模板写好交予大师，同时传授给大师简单的授梳子话术及进行建香客微信群聊天互动营销培训训练，再由指定的大师在微信群里每天发一些佛语分享给香客们，公布寺院小、中、大型佛拜活动的时间。这样，用不了多长时间收来的善款，就够重修寺院及建设香客住善房所用开销了。”

只见主持大师站起身来双手合一：“阿弥陀佛，太妙，妙极了，哈哈！”随即主持大师以每把20元的价格购下2000把梳子，并签订长期供货合同。销售员所在的公司成为该寺院发展的战略合作伙伴！

从不可能变为销售成交的可能，在上述销售冠军成交智慧的经典故事中，太多营销与销售成交智慧被发挥得淋漓尽致，真可谓是精彩绝伦啊！

销售冠军成交智慧之：拜访前需要做的工作

○了解客户的基本情况，如姓名、职务、性格、爱好、工作态度与特点、权限、家庭情况。

○了解客户的行为特征，如对推销员的态度、阻力、反对意见、动机、政策。

○能为客户提供什么，如产品、服务或者其他构想、计划。

○推销及应对砍价的方法。

○明确需要达到的目的。

销售冠军读后感悟		
序号	读后感悟	智者之心声
01	您的高看法	
02	您的新想法	
03	您的好建议	
您智慧的发现		

销售冠军成交核心智慧：以势治机，成在藏中求；以商求商，利来利往大

销售冠军成交智慧，先要悟透客户需求背后的隐藏需求是什么，这才是销售冠军成交智慧的真正密码。无论在什么地方遇到什么样的客户，不管客户满不满意，或喜不喜欢我们的产品与品牌，关键是你要懂得营销、销售成交策略，并主动营销，执行到位，落地到位，能够从客户需求的背后挖掘出客户拥有产品的真正需求、痛点，销售成交就变得简单。

销售成交的不仅是产品，而是一种商业整体解决方案，更是一种循环生发的利益价值链！销售产品的实质是出售整体解决方案，单纯地卖产品的时代已经过去了。在销售成交产品的同时也是在提供一种合作共赢的长远利益、一种长期的商业共生价值。两名销售员之所以把经过营销整合策划好的梳子以不同的整体销售解决方案卖给了主持大师，就是因为他们把卖梳子做成一种方案、一种商业、一种模式、一种价值、一种体验、一种需求、一种感恩、一种大德善行，最终用不同的方式和策略，几次将梳子以不同的价格成功地销售给寺院主持大师！

销售冠军成交智慧之：销售冠军要有8大信仰

○ 绝对相信你的产品。

○ 客户不都是上帝，但却决定着你的前途。

○ 压力是成长的熔炉。

○ 思路时刻清晰。

○ 你的价值是因问题的存在而存在。

○ 忠诚职业比忠诚企业更重要。

○ 不要忘记业绩是护身符。

○ 尊重你的每一位领导，无论你是不是销售人员，都应该知道！

销售冠军读后感悟		
序号	读后感悟	智者之心声
01	您的高看法	
02	您的新想法	
03	您的好建议	
您智慧的发现		

第二招　收人收心收信仰，搞定销售定市场

移动互联网时代，在很多同类品牌、产品中，客户凭什么选择我们的品牌、产品、商业模式、服务模式？这需要我们在品牌、产品、营销、销售等方面动脑筋，进销讲售成交套路设计、规划，让自己的产品有独特性、差异性，可以满足客户的全面需要。要让客户感觉到：花少的费用，买到了物有所值的产品与服务！比如一个女装公司，如果我们将其提供的销售价值表述为“品牌一流、品质最优、经典设计、款式时尚、本年爆款”，这只是对其产品的特点进行了简单传播。如果从客户的关键利益点出发，将企业销售业务人员表述为“让客户对品牌产品喜欢与忠诚及拥有”，这就是考虑了客户的心里想要拥有的价值需求。这样销售成交成功率就很高，一切成交在掌控中！

日常销售成交中，若我们销售的产品与其竞争产品存在一定的差异化，这就是我们产品的核心竞争力，客户认同我们的产品的可能性就更高，成交也会非常顺利！

例如：在把包装过的梳子卖给寺院的主持大师的这个营销案例中，销售员们精准设计了梳子的卖点（FABE与SPIN手法），进行差异化营销设计。一位销售员对销给大师的“梳子”进行产品价值观重塑：在每把梳子上刻大师寺院的字号（感恩文化），且做了不同的品牌文化价值定位，以增加卖点与价值点。很显然，一般的梳子有了赠送的深远意义，主持大师自然同意接受。而后，另一位销售员将梳子进行品牌价值定位，分为“无量功大业梳子”“品德贤良梳子”“大智慧梳子”三种，一把普通的梳子被赋予了“行善”“积德”“智慧”的消费价值观与品牌内涵，由此，普通的梳子被打造成畅销珍品！

没有卖不了的产品，只有不会销售的人。产品具有品牌文化差异性的价值内涵，所展现出的价值作用是不一样的，能够第一时间锁定客户的视

觉与味觉。而且，消费者也会很快爱上产品与品牌的差异化感觉，借此，产品抢占客户的心智。这就是“先搞定思想，再搞定市场”。

产品差异化不仅体现在产品本身，同时也体现在销售成交策略与智慧上。像卖服装一样卖美丽、卖特质、卖时尚、卖设计，淋漓尽致地表现出差异化的思维策略。

王林是一家女服装公司的产品销售总监，夏季一到，换装的人群越来越多，换装速度也越来越快，为了更好地将产品销售给各省代理商、经销商和终端商，更快地进入市场，王林采取闪电进攻营销法。

他提前两个季度对品牌新产品进行FABE（为Feature特征、Advantage优势、Benefit利益、Evidence演示的首字母缩写）与SPIN（是Situation情景询问、Problem问题询问、Implications暗示询问、Need Payoff需求–满足询问的首字母缩写）。编写好设计规划后，王林发给各代理商、经销商和终端商，运用微信建群学习宣传造势，进而提前设定销售业绩目标。王总监通过市场全面摸底调查了解，及时布局新品销售渠道，及时服务终端让客户受益，业绩拉动引爆消费（闪电进攻营销法）。

王总监精准锁定市场目标消费人群的特征与需求，选择不同品牌卖点价值的服饰作为爆品的首轮竞争销售战略规划攻略，制订出主要区域终端店为主流的销售点及市场竞争区域市场。随后，他还开拓了特色渠道，利用渠道重新布局市场等目标消费群体比较集中的消费市场及区域，“围点打援”进行促销爆破作业，同时展开商业产品路演推陈出新。这样一来，本来不被人们关注的品牌，竟然成了知名品牌及消费者的购买第一选择。王总监营造了产品在正式投入市场销售渠道之前的差异化营销战略，打造了尖叫品牌，引爆了产品销售成交业绩！

即使产品非常独特，有品位、有魅力，可是客户没有感觉到它的独特性及差异化给自己带来的好处，这就会导致客户心中的产品与现在的产品差别很大；相反，即便一种产品非常一般，可通过专业营销策划与市场攻略，则这种产品在客户看来是很有差异化、品位化、魅力化，那么形成了最后的自动购买化。

营销心理战是产品占领市场的关键，如小米的饥饿营销、体验营销、差异化营销、极致营销等让客户喜欢这种与众不同的快感，销售冠军成交智慧重在“创新思维、包装产品、营销消费者的心、创新感觉服务、创新客户使用价值”，最后水到渠成，销售成交你一定是常胜冠军！

销售冠军成交智慧之：销售走向成功的捷径

○ 提供主营业务之外的其他免费服务，提高了解客户需求的机会。

○ 通过第三方介绍，提高和客户的洽谈机会。

○ 举办演讲、社交活动，让潜在客户免费参加。

○ 参加其他活动，进入客户交友圈。

业绩不好存在问题：

○ 缺乏主动进取精神。 ○ 未能以客户为中心。

○ 计划与组织欠周密。 ○ 学习训练不够精到。

○ 对客源的了解不够。 ○ 无法与客户相处。

○ 缺乏热心与利他精神。 ○ 缺乏个人一定要达成的销售目标。

销售冠军读后感悟		
序号	读后感悟	智者之心声
01	您的高看法	
02	您的新想法	
03	您的好建议	
您智慧的发现		

第三招　把控场景好时机，随时方便签大单

相同的销售情况下，有的销售员随时就可以拿下订单，成交大单、连单、高单，可部分销售员无论如何也成交不了一单，而且业绩原地不动，没法倍增销售业绩。为什么？

很多时候不是我们没有销售机会，而是当机会来了我们没有及时把握与抓住。销售冠军区别于普通销售人员的是：一遇到销售商机，销售冠军立即先调整营销状态，进行“无中生有、因地制宜”的营销策划，冷静处理，出奇制胜，将不可能变为可能，没有销售条件想方设法创造成交条件；从不找任何借口与理由，像狼一样永不放弃，总是一直在寻找成交的方法与策略。这就是销售冠军成交的最高智慧！

在将梳子卖给主持大师的营销案例中，两位销售员来到同一间寺院，其中一人因地制宜，及时调整好自我状态，主动营销，第一时间果断决策，抓住了机会。而另一位销售员，首先想到这次销售是没有可能的，没给自己一点儿机会，第一时间选择了放弃。

刘军是一家家具公司的销售经理。五一期间，他参加了公司组织的上海“外滩五日游”活动。刘军与其他人不一样的是，处处寻找商机，时时寻找商机，除了开心地欣赏美景之外，他更加注意周围，是否有新的销售商机，并寻找机会营销产品。

刘军发现，在上海所住的酒店中，很多家具不是太新，也不时尚，而且酒店的家具也与酒店的价格、品位等不相配。

刘军想：若是在旅游结束回公司之前为酒店举办一场关于“家具保养与搭配方面的专业知识”的义务培训，在培训中进行本公司产品与品牌的宣讲与路演，一定会促进本公司家具的销售。

于是，刘军专门跟酒店相关管理部门进行沟通，酒店方同意安排相关领导及后勤服务人员参加由刘军主讲的“家具保养与搭配方面

的专业知识”的培训。由于刘军讲得专业、内行、务实，得到酒店领导的高度评价和认同。同时在培训会上刘军抓住时机，为酒店人员介绍了本公司生产的各式高档酒店家具。刘军专家般的产品路演，深深地打动了酒店的领导，领导当场决定订购三款家具，换掉贵宾房的家具。这一单下来价值近200万！

在其他同事开心愉快地游玩时，刘军发现了商机并成交了销售订单。刘军的成功就在于他留心观察，善于发现，精于规划，无中生有，创新商机，把控时机。他不仅发现了销售成交的商机，更重要的是抓住了难得的销售机会，而且又传播了产品与品牌，真可谓是一箭三雕。

商机无限多，关键是当商机来临时我们以怎样的方式抓住，这是销售成交的关键智慧。优秀的销售人员总是会在关键时刻把握住每一次机会。销售成交分秒必争，准确把握客户需求的敏感度与关键度，及时、专业、快速、准确，当别人看不到、摸不懂商机的时候快速制造商机。在他人认为不可能，办不到，没希望，或忽视，或放弃的时候，紧紧地抓住，及时发现需求，并准确快速销售成交，将普通人认为不可能的销售成交商机变成现实与可能！

销售冠军成交智慧之：什么是人脉智慧

○ 人脉不是你利用多少人，而是你帮助多少人！

○ 人脉不是多少人在面前吹捧你，而是多少人在背后称赞你！

○ 人脉不是你辉煌时多少人奉承你，而是落魄时多少人愿意帮助你！

○ 人脉不是你认识多少人，而是多少人认识你！

○ 人脉不是你和多少人打过交道，而是多少人愿意主动和你打交道！

疯狂的努力，强烈的企图心，冠军的精神，一定要的决心，破纪录的信念，永不放弃的执着，创造、创造、再创造！删除杂念，不忘初心，一定是销售冠军！

销售冠军读后感悟		
序号	读后感悟	智者之心声
01	您的高看法	
02	您的新想法	
03	您的好建议	
您智慧的发现		

第四招　锁定目标找对人，做对事情业绩成

成交智慧看重的是卖方如何卖，而不是买方如何买，这是关键智慧。将梳子卖给主持大师的销售员为了将营销策划好的梳子卖给主持大师，费了很多心思。

卓越的销售精英通常不会盲目地将产品销售给客户，而是在全面了解了客户的需求和购买能力背后的隐性需求后，再提供给他们最需要的精准信息，激起他们的购买欲望，最终促使客户自已做出购买决策与行动。

黄娟是一家化妆品公司的销售经理。一般情况，将价格昂贵的化妆品卖给中老年人很不易，但黄娟却依照自己的营销策略销售出了很多的化妆品，引爆了月度、季度、年度的销售业绩。

黄娟走访了销售区域几个大的高档商住房区，发现大多数中老年人的家庭一般5人左右，平均收入较高，他们很热爱生活，小区也常开展一些活动来建设和谐小区。通过了解、分析，黄娟制订了一个针对本区域家庭型的营销方案与销售策略，并打通几个区域的物业管理公司的关系进行全面切入，同时将各类营销与销售话术编写好，对物业公司的相关人员进行短时间的系统培训。

经过与物业公司的沟通，黄娟准备联合几个小区举办一个“幸福家庭，美丽人生”的研讨联谊会（会议中主讲幸福家庭、亲子关系、孩子成长、老年健康等知识，穿插健康时尚化妆品文化理念导入，同时现场有抽奖问答互动活动），并在会前、会中、会后分别做会议推广与宣传，宣传分为空中（微信进入造势）、地面（POP发放及小区主要地方放置宣传图示进行造势）和海空（上门派发造势），果然效果显著。会议开始时，几个小区参加联谊会的人可用人山人海来形容，这次现场分享销售成交近180万，真是“销对销售购买人，做对销售业绩成”。

销售冠军成交智慧点评

在批量销售成交前，一定要先选择好营销与销售成交的战场，这是至关重要的。选择好了营销战略要地，紧接着进行营销策划，前、中、后期要做些什么？投入多少人力、物力、财力？都要进行精准预算与计划，同时产品与品牌推广方面的整合营销组合，运用什么样的商业模式进销讲售成交都是重点项目，环环相扣，紧扣主题。

销售冠军成交智慧之：化解客户抱怨黄金6步法

会抱怨的客户是好客户！

○ 发挥同理心，仔细聆听抱怨内容。

○ 表示感谢，并解释为何重视他的抱怨。

○ 有错，为事情道歉；没错，为心情道歉。

○ 承诺将立即处理，积极弥补。

○ 提出解决方法及时间表，请对方确认。

○ 做事后的满意度确认。

接近什么样的人，就会走什么样的路。人最大的幸运，不是捡钱，也不是中奖，而是有人可以鼓励你、指引你、帮助你！其实，限制人们发展的，往往不是智商和学历，而是你所处的生活圈与工作圈，身边的人很重要。所谓的贵人，并不是直接给你带来利益的人，而是开拓你的眼界，给你正能量的人！

销售冠军读后感悟		
序号	读后感悟	智者之心声
01	您的高看法	
02	您的新想法	
03	您的好建议	
您智慧的发现		

第五招　客户拒绝不放松，稳妥成交很轻松

拒绝是成交的开始，有拒绝才有成交，拒绝才会让你有机会认识对方，才能重视对方！没有销售不成交的产品，只有不懂销售需求的人。在这个世界上最伟大的职业之一就是从事营销与销售工作、营销与销售事业，因为它能帮助你全面成功，将你打造成一级的精英人才，磨炼你的15项能力：演讲能力、沟通能力、营销能力、销售能力、成交能力、领导能力、策划能力、计划能力、组织能力、协调能力、统筹能力、控制能力、人际能力、预算能力、指挥能力等，你将无所不能，无所不晓！努力实现你的伟大梦想！

一旦你踏入销售行列，就不要担心做不好销售，做不好营销工作，产品销售不出去。销售员凡事要站在客户的角度深度思考为什么。全面挖掘客户背后的深度需求，销售成交机会就会自然而然地进入你的手中！

将梳子卖给主持大师的营销案例中，第二名销售员已经放弃了销售机会，可当他得知同事已经将梳子成功地销售给主持大师后，立即冷静思考，精心策划，布局营销，设计销售模式，重新整合产品价值，重新制订销售策略与成交模式，最后以更高的价格批量卖出产品，达到了销售的目的。重点是他没有放弃，而是主动出击，无中生有，做成了一单漂亮的销售订单。

综上所述，这位销售员从轻易放弃到自我反省，深刻总结，不断反思，重新认识问题，重新分析策划，将营销与销售模式用得极致，深挖客户需求背后的需求，寻找突破口，最终成交。当我们在销售过程中遇到这样那样的销售难题时，如果我们能够善于自省反思，总结经验，补救不足，方法自然显现，销售成交就不再是难事！

某家具销售公司优秀销售人员Kevin，初入家具行业时踌躇满志，

兴高采烈，但是一段时间后，他的销售业绩却一直上不去，而且一天不如一天，而其他同事的业绩却天天增长。他不知为何自己业绩总是平平，没有什么起色？

有时他在与客户洽谈沟通销售业务时，总觉得进展特别顺利、轻松，可是常常在要签单的关键时刻，客户突然变卦了，总说有机会再说。就是这样的“有机会再说”，让他错失了很多销售成交的机会，业绩也就一直上不去，面对领导的质疑与同事业绩增长的压力，他不知如何是好。

没成交的根源是什么？

Kevin打开自己一年来的销售成交统计，发现60%的销售成交是在与客户的第一次洽谈中完成的，30%的销售成交是在与客户的第二次洽谈中完成的，还有10%的销售成交是在第三、四、五、六次与客户洽谈中完成的。正是这10%的销售成交把他搞得心力交瘁，疲惫不堪。可以说，他将大量的销售时间浪费在这10%上，这样值得吗？破解之道是什么？

找出问题，再大的销售与营销困难也就不难了。用ABCD分析法，将这10%的客户进销讲售问题细分如下：

A.产品设计问题分析与改善策略占百分之多少？

B.品牌文化问题分析与改善策略占百分之多少？

C.营销包装问题分析与改善策略占百分之多少？

D.价格模式问题分析与改善策略占百分之多少？

E.售后服务问题分析与改善策略占百分之多少？

F.产品价值问题分析与改善策略占百分之多少？

G.同行竞争问题分析与改善策略占百分之多少？

H.销售方法问题分析与改善策略占百分之多少？

I.客户消费问题分析与改善策略占百分之多少？

J.市场渠道问题分析与改善策略占百分之多少?

K.营销专业问题分析与改善策略占百分之多少?

L.重点潜力客户分析与改善策略占百分之多少?

M.普通潜在客户分析与改善策略占百分之多少?

N.团队管理问题分析与改善策略占百分之多少?

……

通过细分，立即找出问题的根源，建立营销销售难点项目攻克小组，让一些同事也参与其中讨论，以案例的方式进行头脑风暴法，将问题一一解决。结果，Kevin的销售业绩翻了五倍，成了月度、季度、年度销售成交冠军。

与第二名销售员一样，Kevin虽然业绩不好，但并没有完全放弃自己的销售目标，而是全力以赴，不断总结，反思突破，寻找最好方法，最终将问题全面解决，成为处理问题的销售能手。不放弃，不放松问题，最终成交是非常轻松的事情!

通常在销售过程中遇到销售成交困难是不可避免的，但寻找问题的解决方法、方式、模式是非常重要的，将问题全部解决了，最后得到的是销售成交客户最好的宝贵秘诀与珍贵财富!

销售冠军成交智慧之：拜访客户成功的关键

○ 让客户说，销售员每说45秒，一定要调动客户说15秒；保持和对方一个语速。

○ 3分钟后，就要找到客户的兴趣范围，引导话题到对方的热点区。

○ 努力让客户记住自己的特点，而不是公司的，不是产品的。关注对方的心理预期、性格特点、素质和阅历。

成功不找任何借口，不找任何理由，大家不听你讲什么，只看你怎么做，用你的结果来证明!

销售冠军读后感悟		
序号	读后感悟	智者之心声
01	您的高看法	
02	您的新想法	
03	您的好建议	
您智慧的发现		

第六招　聚焦定位好客户，一招精准能成交

这是一个产品高度同质化的时代，又是一个移动互联网电商时代，产品信息错综复杂，相同的产品如何才能卖到不同的价格，卖得好，价更高，利更多，量很大，这是当下所有的企业家、创业者、职业经理人、销售精英们，都希望解决的普遍问题。

问题的关键点是聚焦产品，定位好市场，建好销售渠道，锁定准客户，找好销售成交口子，好的成交套路与营销金点子。一把极为普通、简单的梳子，大部分人都觉得不可能销售给寺庙里的和尚，却在两名销售员用营销经济学原理，再通过深度分析营销与策划下，把一批批经过营销策划、深度品牌包装好的梳子卖给了寺院的主持大师。

关键点在于梳子方便存放取带，而且是传统生活用品，无论男女老幼都要梳理头发。梳子也是中国五千年传统文化的一部分，不仅可以用来梳头，还可以用来赠送、赐福、施恩：将梳子赠送给拜佛求愿者梳洗之用，以示对佛的感恩与敬重，赠送梳子，筹集善款，修缮寺院，恩惠众生，佛赐渡人，主持大师出于对寺院发扬光大的责任感与使命感，所以诚心愿意购买梳子并赐福给众生。

把梳子卖给主持大师的销售模式有很多，重点是如何抓住关键点，如何让产品变得有价值。有价值，就一定有位置，有位置就一定有销售路径，“定位好客户，精准能成交”。

在销售产品时能将产品的FABE与SPIN传播给客户，从产品上反映出客户的真实需求点，准确锁住消费者内心的真实需求，就可以轻松地将产品以任何方式在任何地方卖给不同的客户。

某制衣企业的销售业绩一直上不去。对营销和市场渠道有较多经验的王胜先生，受命担任公司的高级营销总裁，全面主持品牌产品开发和市场营销工作。

王总擅长市场营销创新与渠道开拓，经过两个月的市场调查发现，主流消费人群以80后、90后、00后占比较多，而且高端消费价位人群的占比为40%，中端消费价位人群的占比为40%，低端消费价位人群的占比为20%。所以王总立即组织营销团队进行策划：产品研发设计的团队立即开展新产品规划设计打样，品牌企划团队负责新产品品牌形象设计推广传播，市场营销团队负责新产品市场渠道开拓造势，销售培训团队负责新产品代理商、终端线上线下销售培训课程开发，招商团队负责区域市场招商评估规划，网络营销团队负责全网营销设计规划等，为销售业绩全面增长打下坚实的基础。

王总首先规划新产品设计定位以“销售欲望与梦想胜过销售服装”为营销设计理念，全力发挥研发设计人员的设计天才，设计出时尚、高端、大气、个性、轻奢、浪漫等类别的服装，在市场上推出“活力男人”“魅力女人”“清纯线”“时尚线”“梦想线”“轻奢线”等为主题的四季服装。该企业提前将产品与品牌魅力FABE与SPIN全市场消费亮点、产品卖点等全部编写好，提前投入市场培训，为新品上市做全面的预期营销。

通过对市场预期产品定位、品牌定位、消费群体定位、消费价值定位、销售渠道定位、销售成交培训导入，产品一投入市场，立即引起消费者强烈反响。产品上市第一周，各销售区域销售业绩暴增，因而这家企业收获了丰厚的销售成交业绩与利润。

该服装企业之所以能起死回生，就在于营销策略中切入点的升级创新发展。能够让顾客感兴趣的不仅仅是衣服的质量，终端出现抢货、卖断代的现象，这种现象好久没有出现过了，因此此次销售大获成功，一炮打响。

相同的市场不同的产品，相同的产品不同的市场；相同的营销不同的策略，相同的策略不同的营销；相同的销售不同的卖法，相同的卖法不同的销售；相同的价格不同的价值，相同的价值不同的价格；相同的人卖出不同的效果，不同的效果引爆一流的业绩。

销售冠军成交智慧点评

定位定品牌，定位定价位，定位定区位，定位定品位；定位定市场，定位定销量，定位定天下，定位定业绩！

定位聚焦力量，力量产生销量！

销售冠军成交智慧之：洽谈客户5项必备

〇了解对方的需求，能说得上话。

〇乐观与积极的态度，能加强进一步关系。

〇加强售前、售中、售后服务意识与办法，能获得安心。

〇认同对方的反对意见，并提出双方可平衡利益的解决办法，能获得认同。

〇懂得闭嘴，不要为了讨好对方而发表相同观点，能获得信赖。

销售冠军读后感悟		
序号	读后感悟	智者之心声
01	您的高看法	
02	您的新想法	
03	您的好建议	
您智慧的发现		

〈第二章〉

塑造爆品吸客户，绝处逢生出奇招

第一招　魅力销售法术到，产品成交价值高

无数次我们将产品讲得非常好，可客户只来一句“不需要”，这种情况在销售过程中时有发生，其实我们在一对一、一对多和多对多销售中往往急于求成，根本忘记了销售成交的套路与策略性的营销手法的运用，而是直接销售，效果可想而知，常会出现客户只说“不需要”来打发你。为什么呢?

在销售成交梳子的营销案例中，如果销售员直接向主持大师销售梳子很难实现，可是经过一番营销策划，销售员向主持大师讲了赠送梳子给拜佛者、赠送梳子筹集寺院修缮善款等构想，使主持大师对看似普通的梳子有了较深刻的兴趣及批量采购的想法。最终让主持大师对梳子感兴趣的是，通过梳子能给寺院带来长盛不衰、香火旺盛、普度众生的长远利益与好处。

不管销售任何产品，首先得让客户有理由关注我们的产品。因为关注是销售的开始，是消费者准备购买的开始，如果连关注都没有，又何谈销售呢?

黄军是某品牌家具连锁旗舰店的高级销售顾问。有一天他发现，很多顾客在购买家具时都很盲目，没有太好的家具搭配规划及相应的专业知识。他们并不太懂优质品牌家具的质地、款式及文化等，只是大概地看看家具的款式、大小、风格、颜色、材质、价格等，很难购买到自己中意的产品。

服务客户，让客户满意是销售的最高智慧，所以为了让顾客买到更好、更适合自己的配套家具，黄军对进店客户制订了一套销售成交流程与标准模式。有一次，黄军与到店的顾客进行了详细的沟通以了解客户需求：如小区周围环境状况，户型大小，住房朝向，家里人数、职业等基本情况，并了解客户的家装情况与风格，比如是新房装修还是旧房改造等。黄军推荐给客户与装修风格相匹配的高端配套家

具，并且快速、高效、专业地用手绘制出家具搭配效果图，全面地为顾客介绍与讲解，同时利用VR技术让顾客亲自体验实体家具在房间里的各种效果，还为顾客介绍了公司专家级的设计师团队及家具使用的维护保养知识。客户被黄军专业的销售服务魅力所感动，最终决定购买一套欧式风格的家具、壁柜、地毯，一单销售88万多。

本来，客户只是走马观花随便看看，结果在黄军专业的销售服务下，客户不但认同了产品、品牌、风格、款式、价格、搭配，而且被黄军的专业销售服务能力所感动，最终大单成交。

销售人员在销售产品时，首先要对产品有全面的了解，才能专业、主动营销，卖出好价格、销售好产品，分析客户需求价值与产品本身品牌价值，锁住客户快速接受的关键点，抓住客户感兴趣的点进行全面突破攻关销售成交。销售人员通常会多设计几种销售预期方案，让客户感受、认同、了解、喜欢，这样销售成交成功率就很高。销售是走心的技术，让产品说话，让产品传情达意，就能自动传播品牌文化！

要想自己是赢家，你必须是专家（对产品、对营销、对客户、对市场、对专业等必须从精通练就成专家级销售精英）。自身的专业价值就是产品的销售价值，价值有多大，你就能销售成交多少客户、多少订单，成交在价值。

销售冠军成交智慧之：失去客户的8把“无形利剑”

○ 侵略性太强，咄咄逼人。

○ 不真诚，不在意客户的需求、问题和感受。

○ 太喜欢操纵客户，一副“我比你更懂你”的姿态。

○ 急于告诉客户“这都是你要的”。

○ 不善于倾听与询问。

○ 专业性不够。

○ 只把客户当钱包，对客户个人情况完全不了解。

○ 功利心太明显。

销售冠军成交智慧之兵法

○ 兵法一：打造爆品。产品！产品！还是产品！做出有品质又符合消费需求的产品是关键。不要盲目选择产品，一味选择爆款往往做不出自己的味道。新营销做的就是口碑和人脉，你自己都不了解或者没有信心的产品怎么妄图有好市场?

○ 兵法二：新营销需要方向感，而不是死磕目标。很多人往往认为营销最重要的就是把产品卖出去，因此不停劝说别人购买产品。其实这是最慢也是最拙劣的方法，销量对营销来说确实至关重要，但一套行之有效的营销策略必不可少。灵活的思维、创新的能力、周全的策划是营销成功的关键!

○ 兵法三：用优质的服务打造口碑营销，站在客户的角度，多为用户着想，把服务做到极致，与客户成为知心朋友，这时候客户就会自然地分享好产品，为你传播品牌。

○ 兵法四：新营销需要好的品牌理念与品牌文化建设。品牌的力量不容忽视，只有好的理念才会有打动人心的力量，才会在物联网思维时代迅速传播，得到更多客户的认可!

○ 兵法五：产品包装要谨慎，一定有消费定位文化理念，一定要有品牌驱动力文化内涵，一定要有让客户一看就心动的消费体验感，一定要聚焦主流消费群体的价值感!

销售冠军读后感悟		
序号	读后感悟	智者之心声
01	您的高看法	
02	您的新想法	
03	您的好建议	
您智慧的发现		

第二招　找准消费需求点，市场到处是客户

相同的市场状况，相同的产品情况，为何有的销售人员能随时随地发现客户、抓住客户、成交客户，而有的销售人员却举步维艰，难上加难，不说抓不住客户，就连发现客户的机会也没有，这到底是为什么？

发现客户，锁对客户，这就意味着有再度销售成交的机会与可能。因为，好的客户并不难发现，不难抓住，不难销售，更不难成交，主要是我们缺少用心观察及专业的销售技能（对产品、对品牌、对市场、对营销、对客户）。如你是销售高手，是专家级的销售精英，你身边的每个人都有可能成为你的客户与准客户。

刘伟是一位刚从湖南某大学毕业的应届本科生，通过网络招聘成为某集团家电事业部的一名销售业务员。上班三个月，他没找到优质客户，没有业绩，这使他垂头丧气，信心全无，最后他向部门经理提出辞职。

经理问他："为什么要辞职呢？"

刘伟回答："没有发现客户，更没有找到客户，没办法完成销售业绩，干不了，压力太大，我实在干不下去了。"

经理说："我开车，咱们一起去最近的市场看看。"经理在车上指着满大街的行人问刘伟："刘伟，你看到了什么？又观察到了什么？"

刘伟回答："经理，我只看到了街上的人！其他没有什么。"

经理又说："就这些？除此之外没有发现其他什么情况？"

刘伟说："经理，除了有人，然后就是一些建筑什么的。"

经理再问："刘伟，你再认真用心看一看，瞧一瞧。"

"经理，还是那些人啊，没发现别的什么。"

经理说："做营销与销售工作最重要的一点就是，有人的地方就

一定有潜在销售需求的存在。人群中的任何一个人都有可能是你的准客户，而你一定要根据产品与公司培训给你的营销策略与销售成交套路去找准客户需求点，最后到处都是你的客户。”这时刘伟才恍然明白，非常感谢经理的指引，这使他重新点燃对销售的希望与热情。刘伟在后续几个月都是销售冠军！转变观念、顺势而为、精准策划、主动营销是销售人员进入市场、成交客户的核心智慧！

张方是一名健康保健品销售的业务经理，进行市场调查时发现，与他们公司有销售业务往来的客户的营销情况：有30%是低消费客户，有60%是中等消费客户，只有10%是高收入高消费客户，同时一些有影响力、潜在的大客户销售成交的比例较少，存在巨大的潜在市场可以深度挖掘与开发拓展。作为销售人员，精准“分析公司营销状况、分析市场营销状况、分析消费者购买状况、分析潜在市场存量”是关键的四大营销密招。

张方通过全面营销分析，觉得未来销售高消费高收入群体的客户太多了，于是问其他同事：“怎么不向高收入群体营销，为什么高收入的客户在我们公司销售占比这么少？这是巨大的潜在业绩暴增的好市场啊！若高消费的大客户增加30%，那公司全年的营销目标与销售业绩都可以完成，而且大部分销售人员都能成为公司月度、季度、年度销售冠军了。”

只见好多同事摇摇头说：“哪有可能啊？大客户要么已经被其他公司销售了，要么就是难销售的硬骨头客户啊！”

张方自信地说：“一定有可能。”因此，一项点对线高级营销计划在张方心里形成。

部分销售人员却说：“虽然我们没去进行详细的市场调查，但可以想象，很多客户已经购买过了，再去拓展，难度将非常大啊！”

可是，张方胸有成竹地说，“我已经做好点对线营销战法了，接下来你们准备收钱吧！”于是张方在60%的中等消费客户中提炼了10%

可发展成为大客户的人选，又从10%的大客户中再提炼5%作为转介绍新客户去发展，并做好了营销销售业绩、营销政策、利润返点奖励模式，公司经过研讨，一致同意通过此方案。于是张方召集公司营销团队对他们进行以点带线的营销方案突击培训与辅导，考核合格后营销团队才能出去进销讲售成交。然后张方启动营销会，立下军令状，签下销售冠军业绩战书。此次张方的营销团队因为“找准需求点，到处是客户”，圆满完成所定的销售目标，并达成98%的签单成交率。

此次张方能成功，就在于找准了需求点，并对此进行了周详精准的营销，团队培训、考核通关、进入市场销售，发现到处都是客户。张方转变创新营销思维与突破销售局限性，从公司忽略的客户群中再度进行细分，深度挖掘潜在巨大的新大客户市场，从而成功获得了大批优质客户。

销售冠军成交智慧点评

在客户资源群中能否再度发现潜在巨大的客户市场，这需要你具有敏锐的营销战略眼光和全盘独到的营销策略、规划、制订、执行、控制能力，否则再好的市场，你也不一定能发现优质的客户资源。

销售冠军读后感悟		
序号	读后感悟	智者之心声
01	您的高看法	
02	您的新想法	
03	您的好建议	
您智慧的发现		

第三招　将心换位成交术，购买产品知人心

对营销高手来说，销售就像谈恋爱，你心中有我，我心中有你，总认为对方是最优秀的，总想把什么都送给对方，总会想方设法全面了解对方，爱对方，呵护对方，这一切都源于一个字——爱。销售冠军成交智慧的最高境界就是——爱，爱自己、爱公司、爱产品、爱品牌、爱客户、爱市场、爱营销、爱销售。

同样，做销售也是，优秀的销售人员要像谈恋爱了解恋人一样了解客户，呵护客户，关爱客户，帮助客户，成交客户，任何时候都与客户保持心灵相通，志趣相投，达到这种境界，销售签单成交，就变得水到渠成，业绩倍增，销售成交易如反掌。

李国和陈林同是一家公司的家电销售业务代表，二人曾在不同的时间去百货连锁集团田总的公司销售2016年开发设计出来的新产品。李国就公司新研发的产品前去田总的公司进行介绍与路演解说，李国一见田总就眉飞色舞地向其宣讲公司的产品、公司的营销政策、业绩返点奖励制度等，全然不管田总对产品的认同情况及田总的情绪反映，最后田总说："小李，我要立即赶到分公司开会。我们暂时不需要这种产品，下次有机会再见！"说完田总让秘书送客了。

李国将事情原委全部向同事陈林讲了，陈林吸取了李国的经验教训，不轻易行动去拜访田总，而是通过各种渠道了解田总的百货连锁集团的销售状况、业绩增长状况、在当地影响力状况、所代理销售的各电器品牌状况、公司团队管理状况以及田总本人喜好状况等，最后制订出详细的新产品营销销售方案，并同自己的名片一起，亲自送到田总的公司总部前台，并让前台文员直接交给田总的秘书，再由秘书亲自交给田总。当田总收到陈林的家电新产品营销销售方案后，喜出望外，非常开心，对陈林的新产品营销销售方案很满意，并让秘书通

知陈林带上新产品样品及销售代理合同来公司洽谈合作事宜。最终陈林与田总签订了新产品销售合同，首单进货350万元。

上述销售案例中，李国没有进行市场调查、了解、分析，更没有做任何的新产品营销销售方案，就冒昧地拜访客户，最终以失败告终。相反，陈林则像本书卖梳子案例中的第二个销售人员有计划、有目标、有方法地制订营销策略，先做好客户市场调查、产品分析、销售分析、品牌分析、团队分析、客户本人分析、新产品月度/季度/年度盈利分析，协助客户做好新产品上市第一阶段销售推广与业绩销售培训等，最终成交大单。只因“换位成交法，购买因卖人”，销售成交的最高智慧是找对人、做对事，销售自然来。

销售冠军精准成交9问秘诀

○ 用问题，问出产品的好处和卖点，问出顾客的渴望与需求。

○ 用问题，把这个产品塑造到无价为止。

○ 用问题，与竞争对手做比较，解除顾客反对意见。

○ 用问题，问出顾客的价值观与消费信仰与生活习惯。

○ 用问题，加大顾客快乐与痛苦的力度与方法。

○ 用问题，给客户立即购买的理由。

○ 用问题，让客户立即自动成交购买。

○ 用问题，要求客户转介绍并成为你的编外销售代言人。

○ 用问题，让客户永远成为你的忠实粉丝，引爆市场销售业绩。

销售冠军读后感悟		
序号	读后感悟	智者之心声
01	您的高看法	
02	您的新想法	
03	您的好建议	
您智慧的发现		

第四招 选对池塘钓大鱼，建好网络爆业绩

“人脉就是钱脉，关系就是业绩”，很多销售精英通常会做好“三件事”：第一，学会建立各类人脉资源系统网；第二，打造行业专家般的精通能力；第三，学会专业的营销与销售商业模式的运用能力。

很多销售人员看起来好像很有“销售关系网”，但其销售业绩并不高，是因为建立销售关系时没有进行重点大客户细分与培养，客户虽多，但质量不高，效果不好，业绩不佳。有的销售人员通过各种关系，总是能够找到很多优质大客户。还有的销售人员一直在说“找不到优质客户”，他一定是没打通销售人脉关系网。可以说，在营销与销售过程中学会建立人脉关系网是当务之急，建立与积累销售人脉资源就等同于储蓄业绩，随时会为你引爆销售业绩。所以，积累你的人脉资源是你成为销售冠军的第一步。

例如世界一流销售大师汤姆·霍普金斯，他在销售成交产品时，习惯性地总是要准备两张颜色不一样的纸。一张纸是红色，代表过往销售成交客户的赞语与认同，另一张纸是橙色。这两张不同的纸，是霍普金斯销售成功的最大奥秘之一。

红色的纸上，记录着曾经购买过产品的客户的赠语及客户的亲笔签名。如有客户对霍普金斯的产品不感兴趣并拒绝接受销售时，霍普金斯会对客户直说：“×××女士/先生，您认识Kevin先生吧？您认识Kevin先生的字迹吧？他是我们尊贵的大客户，一年购买我们很多的产品啊。Kevin用了我们的产品很满意。您总不会认为他购买我们的产品是件很错误的事情吧，是吗？”

“×××女士/先生，您不会介意把您的尊贵大名添加到他们的行列中去吧？”

这种销售模式，让霍普金斯轻松地与准客户之间快速建立起了沟通、

联系、交流、销售成交的桥梁。

橙色的纸是另有大用的，就是在销售过程中成交与否都请客户协助转介绍客户用的，也是打开销售冠军成交之门的金钥匙。

每当霍普金斯成功地销售成交了一套产品之后，会立即拿出这张橙色的纸，说："××女士/先生，像您这样有品位、有眼光的人，肯定有很多像您一样高品质生活的朋友们，您是否觉得他们也应该拥有像您一样对高品质产品的使用权呢？""请您告诉我几位像您一样优秀的朋友，我真想好好地认识一下他们，与他们成为知心朋友，让他们也享受到与您同样的优质的尊贵服务，好吗？"客户很开心地给霍普金斯介绍他们的一些好朋友。霍普金斯就用这张宝贵的"准新客户销售数据库资源"，收获很多新客户，并及时与他们沟通，快速建立销售业务关系，最终持续不断成交。

霍普金斯的成功就在于利用"圈子销售法，自建销售网"，快速打开了销售局面，在很多客户中建立销售持续影响力，并激活潜在客户群，达到营销推广与销售成交的目的。

销售冠军读后感悟		
序号	读后感悟	智者之心声
01	您的高看法	
02	您的新想法	
03	您的好建议	
您智慧的发现		

第五招 找框破框成交好，客户谢绝做不到

有时候在向新客户进销讲售产品时，常会得到让你失望的回应：“我们早就听说了，现在真的不需要，你以后再来吧。”有些客户会直接告诉公司前台或秘书：“如有人来做销售，你直接说我们不需要或就说我不在公司”。如此设置销售障碍，让你的销售产生难度的状况时有发生。

其实，销售冠军刚开始都是从被拒绝开始成长进步的，有成功就有失败，失败是成功的开始，成功是持续成长的开始。销售冠军认为，一般被拒绝20次以后才算是销售的开始，在销售的过程中或许客户往往可能并不是拒绝我们销售的产品，而是抵触我们的销售方式与行为。

胡峰是一家家具企业连续三年的销售冠军。他刚进公司的时候，谁也不看好他，是因为他自认为是名校毕业生，谁也不放在眼里，认为营销与销售工作很简单，不就是找人做销售，卖产品给客户而已。胡峰接受了公司一段时间的培训与学习，很快就要下市场开展营销与销售工作了，由于他平时不注意一些细节问题，没有用心学习企业品牌文化、产品情况、营销政策、渠道情况、销售模式，再加上他对市场了解得不多、不深、不透，对区域市场代理商、经销商、终端销售情况等了解更少，所以出差三个月一点业绩都没有，而且到了市场也帮助不了原有的客户提高销售业绩，到了第四个月返回公司准备辞职不干了。其实部门经理早已知道胡峰的情况，但没有主动找他，而是在等胡峰主动去找经理。当胡峰找到经理汇报出差三个月的情况时，经理让他将出差三个月的工作报告分四大部分写出来，再向他汇报。

第一部分：三个月出差工作业绩总结，即第一个月做了什么工作？第二个月做了什么工作？第三个月做了什么工作？

第二部分：总结三个月来做得好的工作有哪些？

第三部分：总结三个月来做得不好的工作有哪些？

第四部分：如再有一次机会出差下市场，你会做哪些工作规划与销售业绩目标计划？

经理说：“你将这些详细写出来并上交后，再谈辞职的事情。”胡峰同意写好出差工作总结，与此同时，经理也在写胡峰三个月来的出差工作总结。胡峰按照经理的要求将出差工作总结写好并交给了经理，经理看了后笑笑，没有直接点评胡峰出差工作总结的好与差，而是打开电脑让胡峰看自己写的胡峰出差三个月的工作总结。胡峰看到经理写的工作总结，全面详细而逻辑严谨、数据分析准确、工作流程标准化、总结与分析全面到位，好像比自己还了解、清楚、明白，而且还对他后续工作的提升做了详细的培养计划。胡峰看了经理写的工作总结后，十分感动和内疚，自责自己不好好学习，不用心工作，对不起经理的信任，更不该提出辞职。此时经理早已看出胡峰的转变之意，没有说什么，只是微笑地看着胡峰。突然，胡峰站起身来激动地对经理说：“经理，对不起，我不打算辞职了，请再给我一次机会吧！”经理说：“可以啊！你第一天来上班我就知道，你是可造之才，只是你需要接受磨炼。你要彻底打破束缚自己的条条框框，从内开始改变，你一定要做一位有智慧的营销与销售精英！只要你愿意，你一定是未来咱们公司的销售冠军。”胡峰与经理真诚沟通后，像变了个人似的积极投身销售工作，并暗下决心一定要成为公司的销售冠军。

胡峰重新制订整个营销计划与销售成交计划，他重新向老同事学习产品知识、品牌文化、企业发展历程、营销政策、销售模式、渠道建设、竞争品牌分析、区域市场代理商及终端商团队管理状况、公司近五年各区域市场销售业绩增比情况、重点市场及重点客户业绩的贡献率、较差区域市场及客户优劣分析等，进行系统学习、反复分析、专业论证、数据收集、案例整理、流程梳理、标准制订等。通过一个月紧张而精准的学习后，胡峰请经理担任考官，逐项考核，成绩达到90分以上，才出发再次下到市场。果不其然，这次再下市场，第一周胡峰就成功地签到了价值为80万的首单，紧接着，第二单、第三单、第四单不断地销售成交，业绩突飞猛进。有的老客户全年没有业绩，但是经过胡峰分析、指导、培训后业绩暴长，并且不断从公司进货。当年胡峰所负责的区域市场新客户开发拓展与老客户业绩都达到了公司销售第一名，成为公司年度销售冠军。

由于胡峰全面学到了营销与销售真本领，加上过硬的销售成交系统技术，同时自己树立了良好的销售口碑与个人的品牌形象，很多新客户主动找他，而且老客户也主动地转介绍，后来持续三年在公司胡峰都是销售冠军。

销售冠军成交秘诀

1. 拥有强烈的企图心

○ 怎样让自己拥有强烈的企图心？

○ 你多久之内拿到你公司的第一名？

○ 你多久之内成为你行业的第一名？

○ 你愿意付出什么样的代价得到这个结果？

○ 你多久之内要收入提升10倍以上？

○ 你打算多久之内要成为你行业的世界销售冠军？

○ 你拿销售冠军背后最大的动力是什么？

2. 用对的方法疯狂努力，超人般地努力

○ 你要怎样努力才能超过别人？

○ 你现在要比以前努力几倍？

○ 你要努力地让你的家人过上什么样的生活？

○ 你要在你的行业帮助多少人使用你的产品？

〇 你要努力地打造出多少人的团队？你要多长时间帮助他们拿到什么结果？

〇 你要多么努力地去上大师的课？一年要上几次，你要投入多少钱在自己的学习上？

〇 你要努力地为社会捐款多少钱？

〇 你的疯狂努力的行动方案是什么？

销售冠军读后感悟		
序号	读后感悟	智者之心声
01	您的高看法	
02	您的新想法	
03	您的好建议	
您智慧的发现		

第三章

高手成交道法术，工匠思维要先行

第一招　核心细节定成败，专注专业赢专家

相同的产品，为什么有的销售人员能够轻松地将产品销售出去并且成交大单，而有的销售人员却销售不出去呢？这证明了产品本身没有问题，问题出在销售员身上。

在将梳子销售给主持大师的案例中，两名销售人员在销售梳子时态度十分诚恳，并且给予主持大师很中肯的建议，主持大师觉得销售人员是为他们着想，心理上早已认同与接受。销售人员在销售策略与销售模式方面深思熟虑，他们不仅自信而且充满聪慧，这也是对主持大师的一种自我销售。

很多时候客户之所以对产品不感兴趣，不购买，是因为我们不够专业，不能让客户感动，更不能让客户相信我们的专业。因此，要想销售出产品，先要将自己销售出去。所谓“销售出自己就是销售成功的开始”，是让客户相信我们、喜欢我们、认同我们、肯定我们、尊重我们，并且愿意接受我们，简单地说，就是要让客户对我们产生好感。

周小和汪阳是同一家服装公司的销售员，入职以来，周小一直深受新老客户的欢迎与认同，但汪阳不是这样的。

日常，周小给人一种很专业、诚恳、自信的感觉，粉红色的衬衣加上白色的外衣，一头齐肩短发，微笑着的脸看上去既亲切又态度诚恳，给人的感觉好极了。

但是，汪阳很不注重个人形象。她经常披头散发，向客户销售产品时，站姿也很随意，如果客户有问题还经常表现出很不耐烦的样子。

销售员是一个不断与人打交道的职业，良好的形象就是产品的镜子与品牌的代言人。想要成交产品，销售员得先将自己销售出去，唯有先将自己成功地销售给客户，客户才会进一步产生购买产品的想法与行动。周小专业、良好、自信的形象给客户带来非常好的感觉，无形中带动了产品的销售与业绩的引爆，而这一点刚好是汪阳缺少的。

销售心理学中有一种销售心理效应叫作“角度首因效应”，即人与人在第一次交往沟通中站的角度不同给人留下的印象与感觉也不同，会在对方的头脑印记中雕塑成并占据着对方的主导地位，形成一种心理的反应与感觉，就是人们常说的“给我的第一印象与第一感觉是什么样子的”。通常第一印象就决定了客户购买产品的兴趣与好感，为最终决定是否购买做出了关键性的引导作用。

海王公司决定向信发公司购买价值几百万元的新式办公自动化家具。考虑到这是一个重量级客户，信发公司营销中心总经理决定马上派高级营销总监刘全亲自前往海王公司，专门拜会海王公司董事长及营销中心总经理张总。

刘总监充分准备，提前三小时就赶到了海王公司。张总原打算等刘总监来公司后就在购销合同上加盖公章，因为张总与公司领导已经决定购买这批办公家具，可是没料到刘总监会提前到访公司。此时张总正在与另一位客户沟通洽谈明年的区域代理商业规划，因此就让他的助理通知刘总监稍等一下，会完客后立即见他。

刘总监等了近40分钟后，张总的助理过来告诉他，让他再等一个小时。这时他心里有些不耐烦了，并开始在会客室大量吸烟并不停地走来走去。过了一会儿，他收拾起资料，对张总的助理说：“今天就不打扰张总了，我也约了客户到公司。这样，我改天再来拜访张总吧。”

由于他在收资料时不小心将张总的名片掉到地上，临走时不小心又将名片踩了一脚，刚好被正走到会客室门口的张总见到。张总很生气，于是当即改变初衷，不再购买信发公司的产品了。因此，信发公司被海王公司取消了销售订单，几百万元的销售就这样没了。

海天公司的张总本已打算从信发公司购买一批办公家具，可是亲眼所见刘总监的不耐烦及将名片掉到地上并踩了一脚，这种不专业又粗心、马虎大意的样子，使张总认为海王公司的产品也不一定好，售后服务可能也有问题，产品不一定是公司想要的，因此决定取消此次购买。在销售过程中，我们面见客户，特别是公司的重要客户时，一定要细心、专业、耐心。因此，销售成交的关键是“细节定成败，销售在专业”。

其实销售很简单，关键在细节与专业。有时候我们已经投入了大量的人力、物力、财力做前期市场推广与营销拓展、客户开发，眼看就要成交了，可由于不注重细节与专业，造成销售订单丢失，业绩受损。

销售冠军读后感悟		
序号	读后感悟	智者之心声
01	您的高看法	
02	您的新想法	
03	您的好建议	
您智慧的发现		

第二招　先销自己再售品，没有成交搞不定

股神巴菲特说："赚不到钱，并不是没钱可赚，而是你不在赚钱的圈子内。"

马云说："成不了富人，并不是不能变富，而是没有富人的思维。"

与大客户销售产品、成交订单时，一些销售人员总显得紧张，畏头畏尾，既不自信也不专业，丢掉了很多销售机会，成交机会没了，订单也跑掉了。

成交重点：与大客户及对方公司能做销售成交决策的关键人员在洽谈销售业务、订单、成交方面一定要表现出你对公司要自信，对产品要自信，对品牌要自信，对服务要自信，对价格要自信，对自己要自信，对表达要自信等，你一定会销售单单成交，业绩暴增，成为销售冠军。

高峰是进入销售行业不久的大学生。有一次，高峰去和负责电器销售的力总经理洽谈销售业务。一进办公室，高峰就立刻不自然而且紧张得厉害，不知为何，不仅浑身都在打颤，就连说话的声音也开始发抖，表达不清楚。他还佝偻着背面见客户，并磕磕巴巴地说道："力总……啊……早想来拜访您……可……是……我来晚了……我来……介……绍一下……啊……产品"，不能自我控制。

高峰点头哈腰不自信的样子，顿时让力总对他本人及他所介绍的产品失去了了解的兴趣，更谈不上购买了。

高峰与力总并无人格上的高低贵贱之分，高峰之所以表现出畏畏缩缩的样子，是因为他对自己不够自信，对产品的了解不够专业，对公司的认同不够有信心。

"自信心"是销售人员与客户间沟通的重要桥梁与成交保证。常有人这样看待销售人员：低学历，低素质，低收入，讨人闲。这使得销售人员在与客户沟通洽谈时，就往往会因为双方身份、地位的差异化，自身产生

自卑心理和不自信心理，进而表现出好像低人一等、差别人一步的状态。太过了的谦卑与恭敬反而让客户很不舒服，给人不专业的感觉，因此会让客户怀疑你的产品，最终导致销售成交失败。在这方面著名的世界汽车销售冠军乔·吉拉德的“平常心与自信心”是很值得我们学习的，这是销售冠军成交智慧。

有一天，乔·吉拉德去找美国建材行业前三名的建材公司的总裁销售汽车。建材公司总裁见到乔·吉拉德后大叫一声：“找我什么事？你是干什么的？”

乔·吉拉德立即回答：“想给您介绍一下……”还没说完，建材公司总裁截断话说：“为什么要把你的汽车销售给我呢？像你这样的销售业务员我每天见多了，你算什么？”

乔·吉拉德没料到建材公司总裁竟会不把他放在眼里。乔·吉拉德被激怒了，大声说道：“混账的家伙，您敢说我算什么！难道您的公司就没有人做销售业务，难道您的产品不用销售出去赚钱吗？假如您公司的销售业务员都像我这样敬业、有责任、敢担当、努力工作的话，您的公司早就在全美国或许全世界都销售第一，业绩暴长，您说对不对？”建材公司总裁从原先的反对介绍，到脸上微显笑容并和蔼可亲地对乔·吉拉德说：“小伙子，你说得很对，很正确，我的公司就是缺少像你这样敬业、有责任、敢担当、努力工作的销售业务员啊！本来我有一辆车，不用购买新车的，不过你的敬业、有责任、敢担当的精神让我很感动，我要让公司的销售业务员向你学习。我再购买一辆新车，用于公司接待客户。”最后，他还对乔·吉拉德说：“我再给你介绍一些想购买汽车的朋友。”

总裁的社会地位与财富虽然比乔·吉拉德要高得多，可是，乔·吉拉德始终保持着“将自己先销售出去的平等心态”，既没有刻意恭维身份、地位、财富显赫的总裁，也没有表现出畏缩不自信的状态，而是本着平等自信的心态向总裁阐明了一些营销道理，从而赢得了总裁的尊重和支持，并成功销售了产品，还帮他做销售转介绍，介绍需要购买汽车的客户给他。

在任何情况下，我们做销售成交，一定要保持自信平等的心态与客户沟通、洽谈、销售、营销、成交产品与自己。与任何客户在任何地方，不要因为客户的身份、地位、财富多少而奴颜婢膝去讨好对方，取悦对方，否则终得其反。反之，如果我们真诚、自信、专业、权威地与客户平等、相互尊重地交流、沟通、洽谈销售成交业务，会让客户对你产生认同、专业、权威的感觉，这样销售成交机会掌握在自己的手中，你一定会成为销售成交冠军。

销售冠军成交智慧是一门营销心理学与哲学的智慧及人性的智慧。一切的营销策略与销售成交活动都是以销售人员与所有客户的沟通、交流、洽谈、博弈为前提的销售艺术，自信的心态是第一位的，成功将自己先销售出去也是第一位的。只有先将自己彻底地销售出去，你才能真正成为销售冠军。

销售冠军读后感悟		
序号	读后感悟	智者之心声
01	您的高看法	
02	您的新想法	
03	您的好建议	
您智慧的发现		

第三招　知彼知己收人魂，心法战法成交法

往往很多销售订单的成交是讲说出来的。确实是这样的，有时候我们要想拿到销售订单的确离不开讲说方面的真功夫。销售成交的关键就在于我们怎样向客户说，重点不是向客户说什么，怎么说比说什么重要得多。怎么说是注重说的方式、方法、地点、时间、场景、人物、事项、内容、态度、状态、案例、数据、策略等，说什么是将问题简单地讲清楚，讲明白，其他就不重要了。

有时，在向客户销售成交产品时，除了让客户在视觉上接受我们的产品，很重要的是如何对客户进行专业知识的引导、营销、销售，确保客户对产品的信服与认同及接受。

王经理："您好，这是我们公司最近由权威专家设计研究出来的新产品，一定能符合您的要求与购买标准。"

客户："这是你们最近出的新产品，功能如何？效果好吗？品质如何？价格如何？"

王经理："产品独一无二，专业设计。"

客户："那价格怎么样？品质如何？"

王经理："不同的款式价位也不同。"

客户："产品的价值到底在哪里？"

王经理："……"

客户："那我再看看，先考虑考虑再说吧！"

此案例中，客户提了几个问题，就把王经理问住了，最后因得不到王经理对产品的满意回答，客户打消了此次购买产品的想法。

销售成交之前，销售人员必须先成为产品的专家，成为营销、销售的专家，才能更进一步解决客户的所有疑惑，最终才能成为销售成交的专家，最终服务到客户，并让客户满意。反之，如果我们连客户的疑问都无

法及时有效地解决，又怎么能留得住客户呢？因此，对销售人员来说，在与客户沟通与销售成交的过程中，必须要把所销售产品的价值与FABE讲解清楚、明白，让客户感同身受。比如，产品的本身价值与使用价值（能为顾客带来什么好处）、产品的特色功能（品质/设计/材料/科技）、产品的作用与意义（满足顾客从来没有享受到的待遇）、客户购买与市场销售案例分享（畅销产品、市场影响力）等，都是销售成交服务客户的关键。

在与客户销售成交时，向客户介绍产品信息情况与销售成交技巧方面，一定要用客户能听得明、清、懂、透、爽等语言沟通交流，将产品的关键信息、重点信息、有价值的信息告诉客户。尤其对产品和交易条件，我们要直截了当地说明，这对客户来说是很重要的信息与销售成交购买点。

准客户：“这款产品为什么这么贵？能给我带来什么好处？”

林洁：“因为它是用最好的进口材料做的！因为好，所以珍贵，是限量生产发行的，能给您带来全新的感觉与最美好的享受，就像为您量身定制而成的。”

这时准客户有些小开心地说：“你讲得很好，非常感谢，这一款产品我找了好久，现在终于找到了！”

林洁：“哦，太感谢您了，它终于找到它的家了，呵呵。”

准客户：“很好，产品不但好，而且你的服务很专业，让我感到很开心，我会介绍一些好朋友到你这儿来购买。”

销售冠军成交智慧点评

销售时，销售人员一定要随时随地使用营销与销售专业性的话术，好产品一定要有好的营销包装才能卖出好价钱，“酒香不怕巷子深”的时代已经过去了。移动互联网时代，产品要极致、快、精准。客户们需要高端的、专业的服务，同时需要体验式、互动式的营销模式。

通过以上林洁的成功销售案例，我们平时应进行以下训练：

○ 接见客户的开场训练。

○ 产品推介表达训练。

○ 最有效的攻心话术训练。

○ 应对拒绝的训练。

○ 销售中必不可少的提问技术训练。

○ 专业回答客户异议的技巧训练。

○ 对客户赞美的艺术训练。

○ 应对客户讨价还价的技巧训练。

○ 成交话术训练。

○ 电话销讲话术训练。

○ 销售成交智慧的训练。

○ 对产品价值包装话术的训练。

○ 品牌营销塑造的销讲话术训练。

销售冠军读后感悟		
序号	**读后感悟**	**智者之心声**
01	您的高看法	
02	您的新想法	
03	您的好建议	
您智慧的发现		

第四招　进退布局知尺度，进攻火候得控准

通常我们在与客户沟通的时候，有时会遇到与自己的性格、脾气不相投的客户，一定不要以自己的意志为转移，不能太个性化，销售精英要性格大众化，高手是随销售场景的变化而变化的。销售精英是能够驾驭与控制好自己的情感及情绪，能随时根据营销与销售需要来调整自己的情感及情绪，为销售成交服务。

有的客户容易暴怒、发火、生气，但销售人员却要始终职业化，以服务客户为重要准则，一定要冷静、沉着、忍让、巧妙地应对客户的不是与不对状态，及时帮助客户解决问题、处理问题，服务客户使其满意，达到销售成交的目的。

销售人员："这款新的真皮沙发是今年刚生产上市的，是2017年的爆款与畅销款，技术含量高，质量高，环保。第一季度销售增长50%，而且预销订单也安排到6月份了，这款沙发真的太畅销了。"

准客户："昨天听其他人说，今年你们产品的维护与保养升级了，还要收费，对许多属于产品质量的问题总是在回避。为什么？有时连你们的服务热线都拨不通，一直占线，为什么会这样呢？"

销售人员："我们的客户比较多，销售量也大，竞争对手也多，部分竞争者会有所动作，这是难以避免的。同时，也要感谢他们一直以来对我们产品及品牌的高度关注，让我们居安思危，将产品做得更好，全力以赴服务好市场以及广大客户的需要。本月这款产品总部工厂都生产了很多批订单了，还有不少客户下单要货。"

准客户："看来你们的产品太畅销了，连竞争对手也在关注着你们的一举一动，一个品牌没有竞争对手关注，也很难成长发展强大。"

销售人员："是的，我们的竞争对手一直都很关注我们的产品，

这倒是帮助了我们品牌的发展，我们会在服务、品质、设计、材料、研发、生产、销售及售后等方面做得更好，要做到精益求精，物美价廉。虽然产品的利润不高，但我们一定诚信经营，因为我们企业着眼于持续发展战略。”

准客户：“好，我就订你们的产品。另外，我再帮助你们转介绍三家客户，也是我的好朋友，因为你让我看到了你们产品的实在，并且你们企业一直为客户着想，我相信你们的产品是货真价实的，同时你们服务也让我非常满意。”

销售成交服务客户的过程中，对客户提出来的各式各样的问题，我们都需要认真而理智地对待，智慧地与客户沟通、交流、分享，对客户反馈的问题，一定要及时反应，并让客户知悉结果，不可随便应付客户。事实上，不少的销售人员缺乏耐心，沟通过程中不自觉地就表现出烦躁的情绪、急躁的态度，这直接影响客户对销售人员、对产品、对品牌、对价格、对服务的认同度与认可性，会导致销售成交失败。

销售人员在与客户沟通交流时，有时双方想法与表达方式不同，这可能会产生一些误解与分歧。销售人员一定不要当面顶撞客户，不要与客户吵嚷、理论、争辩。销售的最终目的是将产品销售出去，成交好价格，销量更多，而不是要与客户一争高下，辩个输赢对错。因此，作为销售人员，管理与控制好销售成交中的不良情绪是成为销售高手的关键，一定要采用“同理心、随喜心、赞美心”的三心销售冠军成交法，多分析、理解及沟通客户的想法与需求，定位问题，及时搞清楚客户内心真实的表达与诉求，智慧地安抚客户，帮助客户平复情绪，才有可能达成销售成交。

销售成交过程中，当有客户向你发火、生气、吵嚷、刁难你时，你通常可以采取以下8种销售营销策略，会让客户快速“灭火”与息怒：

（1）微笑自信面对，从容面对，有理有节，据理不争。

(2) 让客户知悉自己的姓名与联系方式，主动鼓励客户及时说出自己的不满与心中不快，并及时整理记录帮助客户解决问题。

(3) 与客户建立深度的同理心，站在客户的位置做销售，“理解”客户，更好地成交。

(4) 主动让客户复述、讲解问题的来龙去脉与关键问题点，让客户参与讨论，将客户看成行业专家。

(5) 及时勇于承担责任，主动向客户请教解决问题的办法措施。

(6) 面对客户及时做好计划，定下时间，并让客户过目计划，同时加“请领导审批”字样，以缓和客户情绪，最终快速给出此问题解决的时间与措施。

(7) 取出一张纸，请客户写下良好的建议及想法。

(8) 主动邀请客户参加公司的活动与体验，让客户有主人的感觉。

达成销售成交最需要学到手的本领就是“控制好自己”。客户产生情绪时，销售人员应巧妙化解，换位思考，第一时间站在客户的立场想想自己是否哪里做得不够好，“先处理心情，后处理事情”。每一次与客户产生问题，都是销售人员成长、进步、改善、发展的一次机会。

销售冠军成交说服精要

○ 语调要低沉明朗。

○ 发音清晰。

○ 说话的语速要时快时慢，恰如其分。

○ 恰到好处，恰在此时。

○ 音量大小的掌握。

○ 话语与表情的配合。

○ 谈吐高雅，举止大方得体。

○ 微笑常生。

销售冠军读后感悟		
序号	读后感悟	智者之心声
01	您的高看法	
02	您的新想法	
03	您的好建议	
您智慧的发现		

第五招　趣味营销体验妙，个性互动要奇巧

销售人员经常会遇到这样的情形：当你滔滔不绝、信心满满地向客户介绍产品时，客户却冷静地说“你不要再说了，我暂时不需要这个产品，需要了我再来，谢谢你的介绍。”

试想你进入一家门店或一家商场或一个公司，有人跟在你后面或在你面前突然讲个不停，你会产生接受意还是反感意？

通常，顾客不是对我们的产品没有兴趣，主要是对我们的销售状态与模式不怎么感兴趣，更谈不上认同与接受了。要想让客户对销售产生兴趣与好感，智慧幽默的销售状态很重要，它可以打开销售的局面，让客户认同与接受。当销售人员与客户沟通交流时，智慧幽默的话语会让客户开心、愉悦、放松，客户自然愿与其沟通交流，增进彼此的认同度，从而销售人员可拉近与客户之间的距离，为立即进入销售成交状态起到强大的助推作用，为销售成交创造机会。

周强是从事健康产品大客户销售工作的，已经工作了十几年，在行业里做得风生水起。周强有一个特别好的习惯，就是每次见到客户会开心地说：“我是你们的印钞机，给你们送钱来了！”

有些客户则会调侃周强：“是印假钞还是真币啊？”

周强笑着说：“既不印假钞也不卖假币，可是，我会让你用你的500元赚走我的20万元！”

就在客户产生好奇心时，周强不慌不忙地用123法则，娓娓道来产品的详细内容与销售成交政策。

周强用智慧幽默的话语将营销策略淋漓尽致地传达给客户，客户耳目一新，因此对产品产生了兴趣，接下来周强顺理成章地与客户分享公司，分享产品，介绍品牌，推广文化，最终与客户愉快地销售成交，收获了大单。

智慧式营销策略是“攻心式与体验式营销手法”的一种形式，运用智

慧充分展示销售的营销魅力，让客户认同、好感、关注、心动并接受，快速进入销售成交的能量场，达到快速稳妥成交客户的目的。

有一回，周强遇到一位态度十分恶劣的大客户。

周强："您好！我是××公司的销售经理周强。"

客户不紧不慢地说："嗯，前两天刚来了一位与你一样的销售经理，没等他讲完，我就让秘书将他打发走了。这个月我们刚订了一大批产品，下个月你再来吧。"

周强："我知道你们公司的销售渠道很多，销售量也大，你们的销售团队也是行业里最为专业的销售团队，据我的市场了解及分析，你们的口碑非常好，客户对你们所销售的产品很满意，同时对你们公司的服务也赞叹不已。今天能来贵公司拜访您是我的荣幸，同时我也要向你们学习。即使你们不订产品，我也心满意足，胜似我们已经成交了，呵呵！

客户这时哈哈大笑起来："周经理，请到办公室一坐。"

周强："好的。"

周强轻松地走进客户宽大的办公室，在客户的示意下坐到了沙发的左边。

客户："你的态度太好了，从你的身上看到了你们公司的实力、优良的品质、良好的服务态度、卓越的品牌、专业的销售团队，这些都是我们找合作品牌商的根本要求。我今年也计划新增一家合作品牌商来增加我们公司新市场的业务量。"

周强："不急不急，只要我们能够帮到您，服务好你们的客户、市场，才是我们最想要的，让你们赚到钱才是最关键的。"

客户："周经理，请问你带合同来了吗？"

周强："带了。"随后周强取出早已准备好的合同递给了客户。客户仔细看过后，微笑着签订了购销合同——首批订货30万元。

本来客户是要拒绝的，而且客户也刚订了货，是不需要再订货的，可是周强以自信、智慧、专业的营销策略，顶级的销售成交智慧化不可能为可能。他不以成交为表面目的，采用迂回战术，让客户感觉其是在帮助他们赚钱，而不是销售产品给他们，所以客户自愿与周强合作。

在销售成交过程中，利人利己销售法最为关键。面对客户，要采用攻其不备之法则，让客户内心全面放松防范，自然融合其中，用智慧与幽默技巧将客户带入场景，让客户由被动转变为主动。当然，前期对竞争对手及对客户产品销售市场的调研、分析、了解是不可少的，这也是打动客户重要的一环，也是成交大客户、收获订单的杀手锏。

因此，大客户经理应具备以下素质：

○ 过硬的营销素质。

○ 过硬的销售成交策略。

○ 过硬的战略战术智慧。

○ 过硬的沟通说服幽默技巧。

○ 过硬的销讲场景演绎能力。

○ 过硬的心理利用控制能力。

○ 过硬的市场分析能力。

○ 过硬的市场预测能力。

○ 过硬的市场调研诊断能力。

○ 过硬的营销话术表达能力。

重点销售成交点评：日常勤加练习，方可成为销售冠军成交高手。

销售冠军读后感悟		
序号	**读后感悟**	**智者之心声**
01	您的高看法	
02	您的新想法	
03	您的好建议	
您智慧的发现		

第四章

智者签单无难事，商机无限业绩爆

第一招　借人借力借势力，名人营销显威力

口碑营销与粉丝营销是互联网时代非常重要的销售模式，我们自己认为产品与品牌好，还不够好，而在客户与有公众影响力的名人心中好才是更远大的好，得粉丝者得天下（市场）。当我们在与客户销售成交产品的时候，我们自己介绍产品好，“王婆卖瓜，自卖自夸”也是要有的，但这是不够的。

某服装品牌一线城市经销商刘涛，其经营的终端门店开张三个月以来，顾客进店率很低，人流量少之又少，这可急坏了刘涛。他用尽了很多方法，但还是无法增加人流量。

门店导购与店长向客户全面地介绍了产品的价值、品牌、文化，与顾客交流沟通分享时，有条有理，对答如流，但客户并没有购买的意思，很多顾客还是左顾右盼，东瞧瞧，西望望。刘涛便拿出了他前几个月与一位名人的合影照片，以及一位著名企业家来该店购买衣服时与刘涛的合影照片。刘涛与客户一起分享了这些故事，客户喜出望外，对刘涛介绍的服装品牌、款式、品质也很满意，决定购买三套。

在销售成交时，销售人员一定要锁准客户，与客户分享、互动、体验，使客户进入购买决策的潜意识，为销售成交打下坚实的基础。

通常在销售成交之时，销售人员要思考以下问题：

〇 谁是我的客户？

〇 客户的偏好如何变化？

〇 谁应该是我的客户？

〇 怎样才能为客户增加价值？

〇 如何让客户首先选择我？

〇 我的赢利模式是什么？

〇 我目前的销售赢利模式是怎样的？

〇 我真正的竞争对手是谁？

〇 我最难对付的竞争对手的赢利模式是怎样的？

〇 我的下一个赢利模式是什么？

〇 我的营销控制手段是什么？

〇 我们公司的价值是什么？

通常在销售成交过程中，销售人员要恰到好处地使用FABE销售法，巧妙地将名人、故事和案例分享给客户，锁定客户购买的理由，则可事半功倍。上面销售成交的案例则运用了名人效应。名人是现代社会人们向往的主流群体，特别是一二线国际化大城市，特别是粉丝明星级权威人士，对产品销售比较有诱惑。明星的代言，明星的分享，众多粉丝的广泛认可，恰好给客户的心理带来极大的安全感与荣誉感。刘涛就是利用客户的这种名人心理，将产品分享给客户，最终获得了有效成交。

移动互联网时代，口碑营销、粉丝营销、分享营销、网红营销等都会产生很大的影响力，能快速占领客户的心智，锁定人心，轻松成交。一般情况下，客户在购买产品时，有几种情况会影响购买的心智：自己认识，听人说过，朋友介绍，网络信息，熟人用过，产品有价值，必须要用，对自己有很重要影响的人也在使用……

权威效应可以让客户信赖产品与品牌，在销售成交中发挥着巨大的作用。

例如，某家具企业在2017年推出一款仿古经典品牌产品，经过三个多月的陆、海、空线上线下营销策划与立体多维推广宣传，准备开新产品品牌招商大会，预计招聘区域代理商5家，现场成交800万～1200万元。于是企业邀请著名的电影明星代言该产品，企业前期为产品造势，预热市场，营销中心各部门也各司其职，布局市场，很快达到了前期营销推广效果，虽然产品还没有进入招商期，但部分老客户已经开始介绍新客户加入公司，新客户对公司、产品、品牌等认同度很高，可见前期品牌策划、推广、宣传、造势、线上线下营销配合等方面是多么的重要。良好的营销是销售的开始，销售的开始是良好成交的开始。

要想客户认同产品、品牌、文化，销售人员首先要做的是获得客户360°的认同感，销售人员一定要对所销售的产品有全面的、专业的了解与掌握。在销售产品时，没有人可以超越你在客户心中的专业性和权威性。

让产品会说话，其重点在于销售人员专业的营销策略和其对产品非常了解的销售技巧，这些能够自然地传播产品信息，让客户对产品的价值产生高度的信赖与认同。如果我们对产品与品牌的认识与了解都模模糊糊或模棱两可，就无法向客户提供其想要的信息，这样客户自然不愿意与我们交流与沟通。呈现在客户面前的我们，一定要成为产品专家、品牌专家、营销专家、销售专家，让产品自我销售、自我成交，因为好产品会说话。

销售冠军读后感悟		
序号	读后感悟	智者之心声
01	您的高看法	
02	您的新想法	
03	您的好建议	
您智慧的发现		

第二招　聚焦定位先擒王，精准成交单单高

有的时候，客户本打算购买产品，却在他人的意见与看法的影响下，放弃购买产品。这是典型的“多心选择不定法”，也叫“中国购买现象”。很多客户都会受到亲朋好友、同事、领导等的影响，放弃本已看上或选对的产品，最终不购买了。这些干扰客户购买的因素很多时候是存在的，在每一个行业的销售过程中都有，不管是大件购买如买房、买车、投资等，还是购买小件如衣服、电器、家具等。怎样排除“购买干扰现象”，让客户最终选择购买你的产品呢？这是每一位销售人员想要解决的问题。

在家具卖场中，导购员小刘遇到了一家三口前来购买家具，他们七嘴八舌，每个人都各有各的想法，都说着自己喜欢的款式、色调和材质。

小朋友：“我要一张最漂亮的橙色沙发，好躺着玩！一定要橙色的，我喜欢吃甜甜的橙子。”

小朋友的妈妈：“我想要一张浅灰色的沙发，换掉家里原来的那张白色沙发，但价格要适当，我不想买太贵的，过几年小朋友长大了还要再换，没必要花太多的钱。”

小朋友的爸爸：“橙色的沙发容易被小朋友弄脏，又不好清洁。我喜欢棕色的，不容易脏，同时好清洁，对小朋友的眼睛也不会造成色彩刺激，颜色太亮对小朋友的视力影响大……”

小刘此时不知所措，无法回应……

日常的销售成交过程中，导购或店长经常会遇到客户带着一家人或一些朋友一起购物，各个成员都有自己的爱好、兴趣、意见。销售人员此时一定要遵循销售冠军成交智慧之“精准聚焦”法则，“聚焦先擒王，精准成交人”。销售人员必须“锁准客人成大单，精准抓住关键人”，及时梳

理出团队客户的角色与身份，最终锁定团队中最有决定权与发言权的一位客人，根据轻、重、缓、急，主动出击各个攻破，最终销售成交，达到预期销售目标。

销售冠军成交新营销密码

过去的生存法则是“广多为王”，现在开始失效，新的法则是“聚焦为王”。

过去的生存法则是“品牌为王”，现在开始失效，新的法则是“爆品为王”。

过去的生存法则是“渠道为王”，现在开始失效，新的法则是“用户为王”。

过去的生存法则是“规模为王”，现在开始失效，新的法则是“口碑为王”。

过去的生存法则是“跑量为王”，现在开始失效，新的法则是“业绩为王”。

过去的生存法则是“服务为王”，现在开始失效，新的法则是“成交为王”。

过去的生存法则是“销量为王”，现在开始失效，新的法则是“盈利为王”。

有时，一些客户在商场中挑选产品，时常会与并不相识的客户互相交流彼此对产品的看法。通常情况下，客户与客户之间的交流，最容易引起对方的关注，同时也会左右他们对产品的认知与购买信心。这主要是因为客户彼此的立场与利益是一致的、相同的、相关的，所以他们之间的沟通无障碍，更容易沟通，也更能产生共鸣。

如果遇到客户在选中产品准备购买的过程中，被闲逛或同时来购买的客户随口不小心否决的话而影响其购买决定时，销售人员应该如何处理？这的确考验销售人员的智慧、应变能力及销售成交技术的，销售成交功力决定购买的速度与力度。

准客户："我觉得这件衣服很不错，就是不知道适不适合我？这位大姐你看，我穿这种款式的衣服怎么样？好看吗？合身吗？"

客户："是不是紧了点儿？好像与你的身材不太搭配，我看你要多挑挑。"

销售经理急忙说："您好，美女，请问您有没有自己中意的款式？我让我们公司的美体专家刘玲给您介绍一下。"

与此同时，销售经理示意旁边的美体专家刘玲立即支走旁边这位闲逛的客户，而后继续对客户说："衣服一定要看上身效果，只有穿在自己的身上你才知道合不合适，您说是吧！我在服装行业做了近10年了，每天都为好多像您一样优秀的客户搭配出他们中意的衣服。这款衣服与您这么好的身材特搭配，好像为你量身定做的一样。这款衣服真的非常符合您的气质、皮肤、身材和职业，难道您觉得不是吗？"客户说："好，就这件，帮我包起来。谢谢！"

其实销售经理早已预料到客户可能会受到其他闲逛顾客话语的影响，她非常智慧地化解了闲逛客户对于销售产品评价的不利影响与诱惑，重新挽回了客户对产品的购买信心与决心。在场景销售过程中，销售人员控场技能与控场智慧特别重要，如果此销售经理听任其他客户对公司产品随意评价与臆断，最后客户很容易受一些随意评价的影响，如果客户放弃购买产品的想法，这对公司销售是很有影响的。所以在销售中，销售人员不但要关注销售的产品和品牌，还要关注其他顾客的反应与感受。

销售冠军成交智慧点评

销售成交时，销售人员任何失礼的语言与失态的行为都会对销售成交造成很多不利的影响，比如强势销售，会让客户认为产品与品牌会不会有问题，这是不利于销售成交的。因此，销售人员应立即通过与客户的沟通交流来转移销售的相关焦点、问题、话题；客户的自身利益及感受永远都是销售人员最关心的核心，销售人员可以通过智慧的沟通与交流，引导客户思维与深度体验产品，这样不仅能够在客户面前展示出自己专业化的一面，而且还会增加客户对我们销售产品、价格和品质等的信心，提高认同度。移动互联网时代，与客户情感交流与共鸣，感同身受，是销售成交的核心竞争力。

销售冠军读后感悟		
序号	读后感悟	智者之心声
01	您的高看法	
02	您的新想法	
03	您的好建议	
您智慧的发现		

第三招　客贪销利占便宜，感觉价值又优惠

我们正进入越来越注重精神愉悦的感性消费时代！感性营销除了直接诉诸消费者的感官享受之外，更多的是通过营造一种感性氛围和想象空间刺激消费者的想象和购买欲望，其中包含消费体验、身份感、文化、精神愉悦、独特设计等元素。

客户要的是有价值的产品，而不是便宜的产品，而且要感觉占了便宜。只有客户觉得自己好像是占了便宜一样，或者只要客户觉得自己是占了便宜，无论产品价格多少，他们基本都会购买，不会跑单。

张姐的化妆品店里有一套从法国进口的高级化妆品，由于价格太高，一直都没有卖出去。店里新招聘来的销售导购李玲说她能把这套高档化妆品卖出去，但要张姐配合她。

第二天上午，店里进来一位穿着时尚的客户，她在店里不快不慢地转了一圈后，视线一下子落到了那套法国进口的高档化妆品上。她问李玲："这套化妆品多少钱？取过来我看看。"

这时李玲假装没有听见客户的话，没有做出任何回应。客户以为李玲没听到，于是又加大嗓门问了一遍，李玲这时才有了反应。她对客户说："不好意思，美女，我是新来的，刚才没听清您的话，这套化妆品的价格我也不知道，我先问一下，您稍等。"她说完就冲着张姐大喊："张姐，这套化妆品多少钱？"

张姐回答说："8000元！"

"多少钱？"李玲又问了一遍。

"8000元！"

客户觉得太贵了，本打算不买了，转身想离开。这时李玲稍稍地快步走到客户身边说："5000元。"客户以为李玲听力不好，误听了张姐的话，心想自己少花了3000元就能买到这套法国进口高档化妆

品，心里好不激动，立即快速付了钱后就匆匆地离开了门店，转眼无影了。

就这样，滞销了好久的高级化妆品被李玲以赚了近1000元的价格卖了出去。

李玲抓住了客户爱占便宜的心理，精准地锁定了客户，用很专业的技巧将产品销售出去，成交了目标客户，达到了预期销售目标。

在很多情况下，客户并不会对产品的真实价值仔细研究、推敲，而是想买些“占便宜”的产品回去。

“占便宜”与“便宜”这两者有很大不同。一件本身价值3000元的物品，客户花2800元买回来，那叫便宜；但如果是价值3000元的物品，客户用1500元买回来，那叫占便宜。客户都想用最少的价值来换取最好的物品，讲究“物美价廉，物有所值”。

是的，通常客户口中经常讲的“物美价廉，物有所值”的好事，谁都想拥有，可这现实吗？几乎是不存在的，只是客户心理感觉上的“物美价廉，物有所值”而已。

大多数客户，不会去调查某个产品的真实优惠幅度，只是单纯地凭借表面感觉来判断这个产品是否值钱。就像化妆品一样，百货大厦搞活动时，化妆品上经常会绑定一些赠品送顾客。当然，这些赠品并不怎么贵重，不值多少钱，而且最终也是羊毛出在羊身上，但是在整合营销上却满足了客户们“占便宜”的心理效应。

因此，在销售成交的过程中，销售人员一定要锁准客户心理，根据客户心理特征来锁准销售手法与客户的核心需求，关键要：定其心，生其心，降伏其心，最终准确无误地销售成交。

通常客户对产品都有三个价位：表面价位，心理价位和实际成交价位，如产品价格低于心理价位或实际价位，或者通过其他获赠促销模式给予客户最实惠最满意的产品，客户就会感觉是占了便宜，因此成交也就简单了。

销售冠军成交智慧18大秘训

心理识别技术训练，魅力演说沟通技术训练，接见客户的开场技术训练，品牌路演招商技术训练，产品推介表达技术训练，话语攻心术技术训练，应对抗拒的技术训练，销售成交技术训练，成交异议技术训练，称赞技术训练，讨价还价技术训练，销售成交连单技术训练，电话销讲技术训练，微信营销技术训练，分享技术训练，微商技术训练，消费商技术训练，投资商技术训练。

抽时间进行专业技术训练，让您成为一流的销售冠军，不再是问题！

销售冠军读后感悟		
序号	**读后感悟**	**智者之心声**
01	您的高看法	
02	您的新想法	
03	您的好建议	
您智慧的发现		

第四招　饥饿营销造势到，客人得到实惠销

越是稀有，越是数量有限，越是限购，客户越认为是好的产品，越感兴趣，越想要得到它，物以稀为贵。这就是饥饿营销法。

小米，在2014年央视春晚前的黄金时段，播出了一段长达一分钟的广告："我们的名字叫年轻，在追逐梦想的路上，我们不断向前，去探索，去改变，去拼搏。我们的时代来了！"

原本不是稀罕之物的小米手机，你想要拥有，却比购买一部苹果手机还难。为什么？因为需要提前预约，需要抢购，需要排队，需要F码……即便如此，人们还是一窝蜂似的想要拥有一部能发烧的"神"机。

一部看似普通的国产手机，为何有如此之大的吸引力呢？

有关人士认为，"贪念营销、饥饿营销、供产不足、有黄牛囤货发财"使得小米在中国市场瞬间"火"起来，营销"势"也造了起来。

小米选择了以"饥饿"作为招牌，前提是经过雷军在互联网上"精准狠"的传播造势之后，其产品品牌和产品质量已经在消费者的心中拥有了足够的号召力，这时才选择了饥饿营销的模式，让"拥有一部小米手机"的体验价值无限放大。在涌现出不少准米粉和进化中的米粉用户之后，小米接下来的持续热销就成为必然。

小米的饥饿营销主要有三大策略。

1. 以品牌来营造产品

让小米的用户永远饥饿，让小米手机永远缺货，才能走得更远，更长久。

2. 以用户来吸引用户

雷军是一个悬念制造大师，也是一个心理战的高手，他懂得真正能让市场沸腾起来的不是商家，而是消费者本身，因此他总结出一套"诱惑"

的哲学，让用户广泛参与进来，然后通过口碑营销和社交传播，让小米变得很超值、很时尚。所以，当用户“腹中空空”的时候，他们想到的不是别的品牌的手机，而是冒着“诱人香气”的小米手机。同时，通过互联网上预订、网上分享、F码抢购等方式，让这种“饥饿感”变得更加紧迫，本来能挺三天，现在恐怕一个钟头都熬不下来，这就是被人为培植出来的“饥饿营销”法则。

3. 极致的体验取胜

有一个词与小米始终分不开，那就是“超预期”。对小米而言，它最擅长的就是将产品的性能提升到“极致”，超出了用户的心理预期，更是让其他手机厂商大呼：这怎么可能？当市场用惯常的逻辑去推断小米的某款手机的售价在1600元时，小米却挂出了888元的价格。于是消费者忽然感觉到自己“饿”了，需要这道大餐来填补空虚的胃口，因为小米无论是价值还是体验都做到了“极致”。

很多商家经常这样利用客户的“饥饿需求心理”推出一些营销销售成交策略与模式。譬如，购买新房也要交押金排队等候，买件好的衣服也要先登记交订金，还搞出一些“限时间、限量版、限数量、限地方”“抢先感受、深度体验”等现象营销，导致现场销售异常火爆，销售场面异常热闹。

销售冠军成交智慧

当顾客的兴趣点或心理需要得不到满足的时候，反而会更加刺激他（她）强烈的需求及想要得到的强烈欲望。

所以，越得不到的东西人们往往越想得到；越是不能接触的东西，人们反而越是想接触；越是保密不让人知道的事情，人们也会越想知道。“饥饿营销”正是利用了人们的这一心理特征来做营销攻略，以此来达到销售成交的目的。

销售冠军成交核心思维

一个卖劳斯莱斯的销售员，每年给客户打36000个电话，28800个会接，11520个会听他讲，4608个会有兴趣，1843个会出来看，737个会考虑，294个会有意向，117个会洽谈，47个想买，最终成交的18个，成交18单会让他赚到200万元。他得出结论：每努力一次会赚到55.55元。销售冠军就得有这种精神！对的事情坚持做，就是产值。

销售冠军读后感悟		
序号	读后感悟	智者之心声
01	您的高看法	
02	您的新想法	
03	您的好建议	
您智慧的发现		

第五招　声东击西锁客户，突破问题把关键

“将欲守之，必固与之”。有些销售人员在销售成交谈判的过程当中，常常会漫无目的，随意去说，不明白客户的真正问题是什么，虽然说了很多，却没有真正解决客户问题，最后客户就说先考虑考虑。

见客户回来后，销售经理问销售人员谈得怎么样？销售人员说：“客户说考虑考虑。”经理问：“他在考虑什么？”

销售人员说：“不知道，反正他说考虑考虑，我也不知道他需要考虑什么。”

销售冠军成交智慧案例：一个人要买件时装

顾客：这件衣服卖多少钱呢？

店主：2000块。

顾客：啊？2000块，怎么这么贵啊，能不能便宜点？我一次买2件。

店主一听买2件：好吧，那1800给你了。

顾客：不行不行，你再便宜点，1000行不行？

店主：1000不行，给你算1500吧。

顾客：不行不行，再便宜点。

店主：那算你1200。

顾客：不行不行，再便宜点。

店主：好吧，那就1000吧。

顾客：啊……那我再比较比较吧。

销售冠军成交智慧分析：为什么价格降了，顾客却没买呢？

○ 顾客没诚意，只是随便问问，摸摸底价。

○ 顾客感觉价格降得太快了，衣服质量一定不怎么样。

○ 顾客还没有仔细了解这件衣服。

○ ……

销售冠军成交智慧：那我们该怎么做呢？

顾客：这件衣服多少钱啊？

店主：2000。

顾客：2000啊，我买2件，便宜点吧。

店主：你买2件，是吧？

顾客：是。

店主：今天能拿吗？

顾客：能。

店主：如果今天拿的话，您是付现金还是刷卡？

顾客：先说多少钱我再告诉你付款方式。

店主：没关系，如果不满意的话，您可以不买，但如果满意的话，你是付现金还是刷卡？

顾客：嗯……（不敢讲了，表示他不是真的要买）

当客户搞价时，首先我们通过提问确认他是真的想买，然后确认他是否还有其他问题，如果没有其他问题，我们再谈价格，最终成交。

销售冠军成交智慧案例分析

当客户提出问题，我们应该确认是否是真正的问题，如果是真正的问题，我们再问：

（1）您除了这个问题还有其他问题吗？

（2）这个问题是我们现在不能成交的唯一原因吗？

（3）假如我能解决您这个问题，今天就可以成交了吗？

大部分客户会说：“是，解决完这个问题就可以顺利签单了。”

当顾客说“我考虑考虑……”时该怎么办？

首先，千万不要相信他会去考虑，大部分客户都不会真的去考虑，这只是借口。

销售人员：×总，太好了，想考虑就表示您有兴趣，是不是呢？

客户通常会回答：是。

销售人员：这么重要的事，您一定会很认真地做决定，是吧？

客户：是。

销售人员：您这样说该不是想躲开我吧？

客户：哎呀，不是不是，你可千万不要这样讲。

销售人员：那我就放心了。我就不走了，既然您有兴趣，又会认真地做出决定，我是这方面的专家，那我们为什么不一起考虑呢？你一想到什么问题，我就马上答复你，这样很好吧。

客户支支吾吾。

销售人员：坦白讲，您是不是担心效果？或者您是不是担心贵啊？（大部分客户拖延做决定是担心效果和钱的问题。）

销售冠军成交智慧点评

销售冠军不是天生的，真正成了销售冠军，就懂得什么是“人心”，什么是“人性”，要时常保持一颗神圣的敬畏爱人之心，将销售成交的每一个细节做好，每天都全力以赴。

“套出真相事，锁定问题先”。当我们在进销讲售成交时，一定要谨慎预防客户“醉翁之意不在酒，声东击西”法，只是摸底，其实另有目的，不但失去销售成交的机会，反而商业机密被客户套走。通常在与客户沟通交流时，切记，不可盲目“啰唆”，没重点，说一堆废话，要先了解客户真正所需，再有方向、有逻辑地简洁明了地跟客户沟通、交流，直至成交！否则，你一定会被客户反销售成交了！

○ 用心洞察需求：发现机会比学习市场营销更重要。

○ 制造冲突事件：冲突产生需求，三流的营销寻找冲突，二流的营销解决冲突，一流的营销制造冲突。

○ 消费诉求状况：市场竞争的三个层面，一个是产品竞争，一个是品牌竞争，一个是消费的竞争。

○ 付出舍得式营销模式：少即是多的爆炸式营销。

○ 重复：就是一次又一次做一样的事。

○ 劝诱：广告的本质就是“劝”和“诱”。

○ 产品：用来满足需求和欲望的物体或无形载体。

○ 价格：从零到无限，数字的魔术。

销售冠军成交智慧之：成就大单的四大核心与五大价值

1. 四大核心

○ 火眼金睛，察言观色，询问需求，主动、热情、专业地为客户推荐产品。

○ 团队合作，攻、防、守、交的策略。

○ 用聊天的方式拉近与客户的距离，与客户建立亲和感。

○ 根据客户的职业和消费潜力深度挖掘。

2. 五大价值

○ 产品使用价值塑造。

○ 产品商业价值塑造。

○ 产品品牌价值塑造。

○ 产品市场价值塑造。

○ 产品消费价值塑造。

销售冠军读后感悟		
序号	读后感悟	智者之心声
01	您的高看法	
02	您的新想法	
03	您的好建议	
您智慧的发现		

第五章

识人观人读其心，慧眼销售锁定人

第一招 无限商机在信息，数据藏宝生业绩

通常销售人员与客户的销售成交时间是很短的，在很短的时间内，销售人员未必能全面了解客人的一些隐形需求，所以只有在交流的过程中得知有价值的信息，进而进销讲售成交。

将梳子卖给主持大师的销售成交案例中，两名销售人员都选取了最佳的销售时机，并与主持大师达成一致意见，最终将梳子销售出去。当销售人员将赠送梳子的构想告诉主持大师后，主持大师如获宝贝，喜上眉梢，购买信号自然显露，成交时机便是到了，因此将梳子成功地销售出去了。

通常所谓的成交时机，就是指在与客户沟通、交流的过程中，销售人员精准地获取了客户需求的信号，迅速抓住，销售成交就顺理成章，大功告成；相反，如果销售人员没有准确读懂与抓住客户的隐形需求，则会错失销售成交良机，失去签大单的希望。

如客户有意购买，往往会发出这样的成交信号：微笑看你的成交信号，眼神放亮的成交信号，双眼放大的成交信号，肢体语言的成交信号，点头示意的成交信号，价格交流的成交信号，使用方法的成交信号，保养维护的成交信号，朋友购买的成交信号，下次购买的成交信号，折扣如何的成交信号，产品真好的成交信号，在哪生产的成交信号，质量如何的成交信号，朋友也买的成交信号，朋友用过的成交信号，听别人说的成交信号，好用好使的成交信号，效果显著的成交信号，安全保险的成交信号……这些都是客户向你发出购买信号的关键环节，不可错过。及时抓住，快速组织销售成交话术与表达的语言，逻辑清楚，准确成交。

往往这种潜意识购买欲望表现，是客户自然流露出来的，只是销售人员有时不善于察言观色，细心领会，造成错失销售最好的成交时机。销售人员在与客户沟通交流时，客户的一举一动，都是销售成交的机会与突破口。

一天，一位客户带着家人与朋友到一知名家具品牌体验中心购买时尚家具。

客户：这款家具好漂亮，看起来正是我们想要的款式。

王经理：您的眼光真好，这套高级沙发是今年的限量版，本月已经卖出去15套了。

客户：送货上门吗？有空间设计吗？负责安装吗？产品保养维修是怎样的？

王经理：全有，我们是五星级的服务，送货、空间设计、安装、维护保养等全义务服务。

客户：以前我们总是担心厂家的产品质量与售后服务问题，但现在我放心了。

王经理：您说得对，通常购买高端沙发首先考虑产品质量、设计、售后服务及产品保养，这些方面是我们品牌是放到首位重视的。今年公司又投入大量的人力、物力、财力，更进一步加大对产品的研发、设计、生产、售后服务等投入这些方面的服务全面升级。

客户：能否给我做一份沙发配套设计图？

王经理：我们的设计师已经在恭候您了，您将沙发放置的地方及面积告诉设计师就可以，他会尽快给您设计出一套配置方案来，供您购买沙发时作为参考。

王经理还用DFS情景体验讲解法（Design设计引导，Feeling感觉引导，Space空间引导）给客户进行讲解。

客户：太好了！

王经理：这是我们的订货合同，请签吧。

王经理从与客户的交流沟通中准确地获得了客户的购买信号，并用专业的销售成交技巧，使客户很快地认同了产品，并签订了订货合同，成功拿下15万的销售订单。

销售冠军成交智慧之：引爆业绩9大智慧

○ 品牌造势好，声东击西妙，一石双鸟到。

○ 广告轰炸到，先声夺人要，聚焦植入快。

○ 销售促进妙，引人入胜好，广聚人气到。

○ 消费引导好，打草惊蛇妙，引蛇出洞好。

○ 产品销售要，塑造价值好，激活卖点妙。

○ 信心强化到，证明体验到，给予保障了。

○ 终端拦截妙，把握机会好，及时成单到。

○ 客源再造到，借力服务好，打造口碑到。

○ 深度分销到，积极行动好，抢占市场到。

销售冠军读后感悟		
序号	读后感悟	智者之心声
01	您的高看法	
02	您的新想法	
03	您的好建议	
您智慧的发现		

第二招　察言观色懂套路，客户购买藏其心

有些时候，我们明明与客户交流很好，可是到了成交的时刻，客人就说“等等，再看看，不急”等，明显地就是拒绝购买产品。为什么呢？

其实很多时候是我们对客户的实际需求没抓准，判断成交信号失误，因此失去了本可以销售成交的机会。

所以我们要提前做准备：和客户交谈我们要的结果是什么？客户想要的结果是什么？我们的底线是什么？客户可能会有什么抗拒？我们如何解决抗拒点？如何成交？我们要找出客户的问题、需求和渴望。

一天，一位顾客在一家手机专卖店挑选手机。

顾客问：“这款手机多少钱？”

“3200元。”王玲立即回答。

“就这款，过来取一下，让我看看。谢谢！”顾客说。

这时，王玲习惯性地恭维了一句：“您真有眼光，很多顾客都喜欢这一款手机。”然而，个性的顾客听到此话后说：“对不起，我不要了。谢谢！”

真没想到，一句简单的恭维话反倒引起了顾客的反感，令顾客不开心、不高兴。这是为什么？

王玲不解地问：“怎么，您不喜欢这款吗？”

“有点儿。”顾客很客气地回答后，准备离开了。

王玲意识到是自己恭维的话有些不对，立刻采取补救措施：“大姐，能否告诉我，您喜欢什么样的款式？这款手机是专门针对像您这样时尚而有魅力的用户打造的。如果您不喜欢这款手机，请您留下宝贵的意见与建议，公司好改进。”

顾客告诉王玲：“这个款式的确比较吸引人，只是我不太喜欢跟别人用一样的东西。”

“大姐，您看这款手机质量好，设计时尚大方，是国产手机里最好的手机之一，所以有很多人喜欢。但是它的价格相对来讲是比较高的，目前购买的人并不算多，您是这几天来第一位购买这款手机的客人。”经过王玲一番沟通交流，顾客最终买走了这款手机。

在销售成交过程中，销售人员都会碰到类似的情况，本来客户已经有意向购买了，只因为销售人员没有真正了解客户的类型及客户的心理特征，盲目恭维称赞，反而遭到客户的反感与拒绝。通常，我们在与客人沟通交流过程中，首先要快速地了解客户的类型，精准获取客人的基本信息，再开始进销讲售成交方面的交流，并迅速抓住有利的销售成交时机，果断成交。

常见的8种类型客户有：品质型客户、成本型客户、从众型客户、个性型客户、情感型客户、随意型客户、挑剔型客户和无主见型客户。上述案例中购买手机的顾客显然属于“个性型客户”，有自己的消费价值主张，所以销售人员在与客户交流沟通时，一定要号准脉络，了解其类型，再“对症下药”，准确成交！

销售冠军读后感悟		
序号	读后感悟	智者之心声
01	您的高看法	
02	您的新想法	
03	您的好建议	
您智慧的发现		

第三招　识准客眼触觉到，明暗成交定其人

有时在销售成交过程中，一些销售人员总是低着头与客户沟通，不敢直视客户的眼睛，心中发虚，不太自信，这样往往会错失了解客户心理的机会，看不清客户真正的需求是什么。

眼睛是心灵的窗户，通过眼睛最能体察看清他人的内心世界。俗话讲，“察言观色，见机行事”。很多销售成交信息，是从客户的眼中流露出来的。通常我们在引导客户了解产品的销售过程中，要时刻注意观察客户的表情，通过表情我们能更大限度地了解客户的一些隐形需求，从而实现销售成交机会。

心理营销，其实也是一种体验式营销。

体验式营销是通过看（See）、听（Hear）、用（Use）、参与（Participate）的手段，充分刺激和调动消费者的感官（Sense）、情感（Feel）、思考（Think）、行动（Act）、关联（Relate）等感性因素和理性因素，重新定义、设计营销的思考方式。

知觉体验：即感官体验，将视觉、听觉、触觉、味觉与嗅觉等知觉器官应用在体验营销上。感官体验可区分为公司与产品（识别）、引发消费者购买动机与增加产品的附加价值等。

情感体验：即体现消费者内在的感情与情绪，使消费者在消费中感受到各种情感，如亲情、友情和爱情等。

思考体验：即以创意的方式引起消费者的惊奇、兴趣，对问题进行集中或分散的思考，为消费者创造认知和解决问题的体验。

行动体验：指通过增加消费者的身体体验，指出他们做事的替代方法、替代的生活形态与互动，丰富消费者的生活，从而使消费者被激发或自发地改变生活形态。

关联体验：即通过实践自我改进的个人渴望，使别人对自己产生好

感。它使消费者和一个较广泛的社会系统产生关联，从而建立消费者对某种品牌的偏好。

销售冠军成交智慧案例：奥迪汽车的销售

（三个人走进汽车展厅）

销售王经理："各位好！怎么样，这么好的天，来看车？"

拿手机的男士："对呀，这款是新到的吧？"

销售王经理："是的，最近走得不错，而且全新上市的A4都是德国进口的。"

（三个人看看车，又看看销售王经理）

销售王经理接着说："国产的轿车几乎还没有采用全时四驱动的技术，3.0的发动机排量动力充足，还配有天窗、手自动一体化的变速箱，有最新功能的电子制动稳定系统……"

拿手机的男士打断了王经理的话："好好，谢谢，我们改日再来。"

销售王经理："要不，我给你们安排一次试驾，体验真正的驾乘感受。"

仍然是拿手机的男士说："不了，谢谢，我们改日再来。"

（销售王经理无言，只好看着这三个看上去非常好的潜在客户走出了展厅。）

销售冠军成交智慧知识点：智取客户（用SPIN销售成交智慧）

S（Situation Questions，背景问题情景询问）：即针对现状的提问（寻找客户的伤口）。销售成交过程中，销售人员要与客户沟通交流，从中深度了解客户为什么要购买，是出于何种目的购买产品，然后组织销售成交策略，进销讲售。

P（Problem Questions，难点问题询问）：即针对难题、困难的提问（揭示伤口）。

I（Implication Questions，暗示问题询问）：即针对影响的提问（往伤口上撒盐）。

N（Need-payoff Questions，需求效益问题）：即针对需求被满足的提问（往伤口上涂药）。

周涛是工作将近一年的汽车销售人员。在万总、张东明以及方晓昕走进他的车行的时候，他最初的判断与前一个车行的王经理判断基本一致，这三位是很好的潜在客户。所以，这三个人刚走进车行，他就主动迎接他们。

周涛："三位下午好，我是这里的销售顾问，周涛。叫我小周就可以了，这是我的名片，您贵姓？"（递名片）

张东明："我姓张，这是我们万总，这是方女士。"

周涛："万总好，方女士好。奥迪车有多种不同款式，需要我介绍吗？"（提问开始）

张东明："我们考虑买一款比较现代、安全性能好的车。"

周涛："是啊，现在还真的要注重安全。请问您现在开的什么车？"（再次提问）

张东明："噢，现在的车不行了，就是代步用的，捷达。"

周涛："捷达可是不错的车了，皮实，耐用，您当时选车还真有远见。那您现在考虑换一款，主要是什么用途呢？不会是代步了吧？"（夸奖客户）

张东明："其实是我们万总要用的车。公司成长比较快，业务好，接触的一些客户也比较有实力，总是用捷达不符合公司的形象了。"

周涛："噢，恭喜呀！生意兴隆当然要配上好一点的车了。不知道将来是万总您开这个车，还是方女士也有可能会开？"（夸奖，再次提问，等待引出新问题，因为他看出女士是万总太太。）

万总："我也会开，小张会经常用车。噢，有时候我太太也要开的。"

周涛："哦，这样。所以，在选车的时候，可能要注意车的操控

是否灵活，最好不要手动挡了吧？”（万总太太要开，所以暗示不要用手动挡的车）

方晓昕：“说得太对了，最好别是手动挡，开车太累了。”（正中女士下怀）

周涛：“是呀，那您看，您最关注车的什么情况呢？”（再次提问且引导）

方晓昕：“我觉得首先要容易驾驶，最好安全性能好。”

周涛：“您驾驶多久了？”（再次提问）

方晓昕：“拿执照都有一年多了，可是没有开几次。”

周涛：“我想，张先生驾龄肯定比较长了。您觉得选一款车要关注什么呢？”（再次提问，且不忘记提问助理）

张东明：“操控性肯定是要注意的，尤其万总开车的时候，还总是思考公司的一些事，所以，容易开肯定是关键。当然，刚才方女士也说了，安全不能忽视。另外，我觉得，现在路况不是很好，弯路也多，如果车的性能好，对路况的要求就不那么高了，即使路况条件差一点，驾驶员和乘客也不会有太明显的感觉。”

周涛：“太对了。如果真要考虑操控性、安全性以及要有品牌、有气派，外观还好，这可真是要好好挑一款。”（顺客户的意思去引导，而且还不告诉他选什么样的车，让客户自己说）

万总：“我们看中了奥迪，关键是奥迪这么多款，我们也不是很清楚这些技术指标对我们有什么意义。”（终于让客户自己说出了车型）

周涛：“很多来我们车行的客人都有类似的想法。比如操控的灵活性，主要看方向盘是否有助力，转弯时是否有特殊的技术避免甩尾，是否有四轮驱动。”（这种导购语言更让客人能理解）

张东明：“我知道奥迪现在有四轮驱动。”

周涛：“是的。A4的3.0就是轿车中的四驱，一般车辆的安全性主要看是否有刹车的防止抱死装置，以及这些装置是否灵活，是否可以

在刹车时确保车身平衡，这些都是安全指标。至于车型是否大方、得体，体现公司的档次，那要看是否是品牌车。”（引出品牌概念）

万总：“奥迪肯定没有问题，关键呀，小周，你看哪一款最适合我们?”（客户感兴趣了）

周涛：“不同的款除了价格不同外，主要就是质量以及可以选择的不同功能有所差别。当然，如果我来推荐的话，还是刚才我说的那款有四驱的轿车符合您的要求，就是3.0的A4。”

周涛边说，边与三位客人走到样车旁，并主动拉开车门：“万总，您坐一下，感觉一下。方女士，您可以体验一下后座的舒适性。张先生，您要不要看看发动机的情况？”

张东明：“不用了，主要是万总满意，就没有什么问题。对了，这款车的价位如何？”

周涛：“现在这款车的价位还是比较高的，我们也要求厂家降一降，可是根本就没有什么空间。这款3.0四驱的A4，价位是47万8千。”（暗示价格空间）

方晓昕：“后面还是挺舒服的。这么贵？”（亲身体会的好处）

周涛：“厂家也给我们解释了多次，现在这款式车是刚上市的，而且是德国原装进口的，价位是高了一些，如果有可能的话，我估计明年全部国产化了以后，有可能降一点，不过也不会太多。您用车着急吗？”（预测价格空间，再次提问）

万总：“当然，早拿到车更好了。”（成交机会的到来）

周涛：“这款车昨天就卖了三辆，今天早晨经理开会时还说，今天要是也卖三辆，明天就没有现车了，下次到货要半个月以后了。您喜欢什么颜色的？”（说明了这款车销售形势好，同时暗示除今天外没货了，以后买车就要等，切中客户心急的要害，并且转移客户注意力到颜色）

方晓昕：“我就喜欢这个蓝色的。小张，你说呢？”

张东明：“蓝色是不错，看上去很亮。”

周涛：“现在喜欢这款蓝色的人还真多，就是蓝色的车卖得好。您是现款购车，还是我们协助办理银行贷款手续？”（说明这款车销量好。尽管用户没提出购买，但导购已开始主动出击，还是反问）

张东明：“我们肯定是现款，看万总，您还有什么问题？”（客户已顺着导购的思路在想问题）

万总：“这样吧，我们回去再商量一下，这里有你的名片，小张回头与你联系。”

周涛：“好的，万总能给我一张您的名片吗？”（还是提问）

万总：“小张，你给他一张我的名片，你的也留一张给他。”

张东明递了两张名片，说：“要不，你先留一款蓝色的、3.0的、有天窗的这款，我今天下班前给你一个电话。”

周涛：“好的，三位慢走。您看，我们净顾着说话，连水您都没有喝上一口。”（没坐下来谈）

万总：“不用客气，我相信你，帮我们挑一款好车就行了。我先付5万定金。”（销售成交）

周涛：“万总，这边请，您是刷卡还是付现金？”

万总：“我刷卡。”

周涛：“好，请。”

在以上销售案例中，两位销售员采用了不一样的销售技巧，其销售结果也不一样。因此我们在与客户的沟通交流中，时刻要注意接收、分析、提炼客户信息，并快速判断，果断行动。在与客户交流的过程中，通常眼神最能暴露出对方的基本心理信息，销售成交时眼神闪烁不定，表示客户有意逃避或不想说出自己内心的真实想法与问题。

销售成交时，如果客户眼神闪烁不定，则显示出你不专业，没有让客户满意，没有吸引到客户，你讲的是他不需要的；如果客户眼睛直视你，则表示客户对产品有兴趣而且认同，不反感，有机会继续下去，最终成交。

识准客户眼色，成交一定准。销售中有四种语言：无声语言、有声语言、肢体语言和文字语言，这些都是销售冠军成交的智慧工具。

销售冠军读后感悟		
序号	**读后感悟**	**智者之心声**
01	您的高看法	
02	您的新想法	
03	您的好建议	
您智慧的发现		

第四招 洞察秋毫先观人，锁住购买永不停

在销售成交的过程中，有时候一起来的有好几位客户，很难分清哪一位才是真正的决策人与购买人。如何找准购买决策人？跟错了准确购买人，等于错失了销售成交商机。

通常在销售成交过程中，如果你想要把产品销售出去，就一定要找准购买决策人，否则销售成交一定失败。

张林是一家电器公司的销售业务员，刚开始他对营销销售工作兴趣非常高，积极主动，任劳任怨，但后来在销售成交过程中屡遭阻碍，挫折不断，困难重重，销售业绩难以提升，部门领导对他也有些意见。

为此，他和部门王总监抱怨道："我想尽了办法从竞争对手公司拉了一位客户，经过与他反复沟通，他决定从我们公司购买产品，并且数量很多，还说要帮我转介绍一些客户。可是到了第二天，他说还要给公司上级领导汇报才行。正当我满怀信心期盼的时候，第三天他打电话说，他们公司已与其他公司签订了购买协议，不购买我们的产品了。"

王总监说："你太过轻'敌'了，将客户看得太简单了。做销售既简单又复杂，简单的是，将产品卖给需要的人，将钱（货款）收回来，最后做好售后服务就可以了；复杂的是，第一要找准决策人（能做主购买产品的人），第二你要与客户签订销售合同书，第三要收取产品销售定金。你只是口头与客户达成销售协议是没有太大意义的。所以，你要好好思考一下，你的销售方法是否妥当？一名销售冠军不但需要无限的热情，积极主动的工作态度，更重要的是要有营销计划、销售策略、成交系统、销售谈判技巧等。"

市场营销策略4P很重要

Product，即产品策略，在与客户的沟通交流中，销售人员要注重产品的价值功能，传播产品独特的卖点，把产品的功能诉求放在第一位。

Price，即价格策略，根据不同的产品市场定位，制订不同的价格策略，产品的定价依据的是企业的品牌战略，注重品牌的含金量。

Place，即渠道策略，企业并不直接面对消费者，而是注重经销商的培育和销售网络的建立，企业与消费者的联系是通过分销商来进行的。而现在新营销渠道比较灵活机动，企业可以直营到终端，开直营店或连锁经营管理。

Promotion，即促销策略，企业注重销售行为的改变来刺激消费者，以短期的行为（如折扣、积分、买一送一捆绑式销售、会员制VIP、以旧换新、节假日活动、微信营销、O2O营销、微商、电商、营销现场气氛等），吸引其他品牌的消费者或引发提前消费来促进销售额的增长。

销售冠军要想业绩第一，每单成交，不但需要掌握销售成交的各类技巧，熟知产品、营销组合策略、销售攻略、成交技术等，而且要识别客户的购买能力与动机，锁准销售成交的对象与决策人，最终才能事半功倍，成交目标客户。

销售成交时，我们找对了目标客户或购买最终决策者，销售成交的可能性就会非常大。

销售冠军成交智慧点：找到具有决策权的客户（目标），是销售人员应该做的正确的事情，这样真正的销售成交才算刚刚开启，只要走对了第一步，接下来步步为营，销售成交不再是问题。

销售冠军成交智慧案例

王正在一家经营建材的公司任销售经理。有一天，她遇到了一位年长的客户。王正将客户要的产品样品全都准备好，也对样品进行了测试检验，又花了近一个小时的时间为客户解答问题，十分专业耐心。

王正说：“公司产品在质量上绝对可靠，产品的售后服务非常完善，产品有任何问题随时可以给我及公司客服人员打电话，公司专业服务人员会立即上门为你解决所有问题，让您放心、满意。”最后双方签订了临时销售协议书。

此时这位客户已经决定要购买王正公司的产品了，他的妻子突然来了，问了购买情况后说：“我们暂时不购买了，明年再买。”

王正与客户沟通交流了那么长时间，根本没弄清楚购买的决策人是谁，又拖延了销售成交的时间，最终导致销售成交失败。

销售成交过程中一定要搞清楚销售购买决策权在谁那里，才能事半功倍，否则劳而无功。在销售成交过程中，我们在与客户开始交流前，要了解、知晓对方是否是我们要成交的真正对象，他是否有真正的决策购买权，这才是销售成交谈判攻略的关键点。

通常在拜访客户前，要做到全面的计划、规划，了解、分析客户的详细情况，搜集相关资料信息，了解决策者的基本信息，做到精准营销、锁定销售成交人，而后策划好销售成交套路，并对销售成交套路进行反复演练训练，最终销售成交一定成功。

销售冠军成交智慧

销售并不是产品与产品之间的竞争，而是意念与意念之间的竞争，以客为尊，以流量为本！不断地创造客户的感受价值，“销售成交与赚钱”反而变得轻松！“积善行，思利他”，付出不亚于任何人的努力，拥有足够的远见，十足的好奇心，足够的勇气和信心，“爱心工作，感恩事人”，更能创造出可持续发展的未来！

销售冠军读后感悟		
序号	读后感悟	智者之心声
01	您的高看法	
02	您的新想法	
03	您的好建议	
您智慧的发现		

第五招　言外之意顾客在，声东击西成交快

我们经常会遇到这种状况：销售成交的各项铺垫都准备好了，可是客户却依然满不在乎、无动于衷，此时，就需要我们对客户进行一定的暗示与引导及教导（NLP术），精准地让客户在不知不觉中做出销售成交的决定与购买。

销售冠军成交智慧知识点

NLP是英文Neuro-linguistic Programming的缩写，直译为神经语言程序学。NLP是对人类主观经验的研究，被誉为“大脑使用说明”，是开发人类潜能的一把金钥匙，是一门如何运用脑的巨大能力从而使我们更为成功快乐的崭新学科。时至今日，NLP的学问已被运用于潜能开发、心态管理、销售突破、销售成交、营销策略、人际沟通、商业谈判、商业创新、亲子关系及企业管理等方面，日益显示出其与众不同的强大威力。

（1）NLP对环境人的话

我之所以不成功，是因为：

○ 公司的销售政策不好。

○ 主管的管理水平太差。

○ 培训太少。

○ 产品包装太普通。

○ 产品定价高。

○ 市场不景气。

○ 竞争太激烈。

○ 这个没办法。

○ 口才不行。

○ 运气不好。

（2）NLP对原因人的话

我一定能成功，是因为：

○ 我可以掌控自己的态度和情绪。

○ 我可以通过不断学习提升自己的能力。

○ 我可以不断总结经验教训。

○ 我能够不断调整自己的行为而无须改变外界。

○ 我能够为自己的成长负起责任。

○ 我总能寻找到更多更好的办法实现目标。

○ 我的身上已经具备成功的所有潜能。

○ 我每天都会进步一点。

○ 我不断激励和超越自己。

营销心理学专家研究发现，暗示语言是人类最简单、最有诱惑力的一种情感法则，是最好的心理潜意识的意念变化行为，能在瞬间改变一种本已决定好了的事实与问题。通常在销售成交关键时刻，只要销售人员有意地暗示一下，也许情况会有所转变，即刻会让客户从感性思维潜意识转换成理想思维潜意识，其产生的力量是相当大的，会改变一切，客户购买意念加强，此时再用心力一击，销售成交立即成功。

销售经理李伟向一家房地产集团公司销售一台价值为180万的工程机械设备，经过李伟反复拜访、沟通、交流、产品路演、报价，并先后与房地产集团的项目总监沟通数次，项目总监还到李伟的公司亲自试操了设备，也很满意，对产品质量、性能、款式相当认可。因此，房地产集团采购中心总经理决定跟李伟购买该工程机械设备。

但事情没那么简单，等到快由分管的董事签字时，没想到董事却就服务、维修等提出了一系列的问题，这让李伟有些措手不及。

李伟不想这几个月的努力与辛苦付之东流，一定要想办法成交，可是又有什么办法呢？最后房地产集团采购中心总经理让李伟等通知，他再与相关部门沟通一下，决定是否购买李伟的机器设备。李伟怀着忐忑不安的心情离开了房地产集团，回到了公司。

李伟将事情的原委向营销总监汇报，并与营销总监反复交流。后来李伟又与房地产集团项目总监沟通，项目总监说，他们以前使用另一家公司的设备，售后服务不好，而且常换零件，维修费用也很高，可是分管董事不懂技术，还是要用那家公司的设备。李伟听了以后向项目总监详细询问另一家公司服务态度不好的具体表现，以前的设备一个月出多少次问题，损耗是多少费用，主要换哪些零配件，价格多少钱，影响工程工期多少时间，换零部件是厂家负责还是集团负责等。李伟回到公司后加班加点整理了一份非常详细的设备分析报告，内容包括：

○ 本公司设备的全面介绍与功能分析、效率分析、质量分析。

○ 将房地产集团现在使用的设备就质量、维护成本、更换零配件、影响工效等很多问题做了全面的数据分析与核算。

○ 本公司详细的售后服务说明，并且在销售购买合同书上详细地注明了公司售后服务的项目、标准、流程与服务团队介绍等。

李伟向营销总监呈报了此设备分析报告，经总监认可后，李伟回到自己的办公室反复演练，直到自己满意为止。他又打印了8份设备分析报告，来到了房地产集团，先拜访了项目总监，又一起来到采购中心总经理办公室，最后又一起去了分管董事办公室。李伟将准备好的设备分析报告与销售购销合同一起递给了董事。当董事看完李伟的设备分析报告后，高兴地点了点头说，“李经理，你们太专业了，销售合同我立即签。”

在这个销售案例中，李伟开始没有弄清事情的真正缘由，经与项目总监深度沟通并得知真实情况后，进行了详细分析、总结、梳理，最终形成设备分析报告，以专业的态度最终销售成交了这笔大订单。李伟面对董事咄咄逼人的询问时，并没有慌张与逃避，而是主动寻找解决的方法与措施，理智地沟通，并编写专业的销售分析报告，巧妙地促成了销售大单的成交。

当与客户沟通交流无效时，我们不能灰心丧气，要理智应对，想方法再谋划，借力打力不费力，声东击西，快速锁定目标客户，获取关键信息，组织营销策略，主动出击，最后将客户拿下，一举成交。

销售冠军读后感悟		
序号	读后感悟	智者之心声
01	您的高看法	
02	您的新想法	
03	您的好建议	
您智慧的发现		

〈第六章〉

出奇制胜签大单，营销策略最关键

第一招　谨慎客户在布局，成交重在核心上

我们经常会遇到一些很理智的客户，他们总是用细致与周详的眼光，考量权衡所购买的产品适不适合自己。针对理智的客户，我们最好用品牌、产品本身来说话，为客户进行耐心的分析，让客户感觉到实惠，认为物超所值。

软件公司营销经理吴江通过电话拜访电器公司销售总监林伟，向他销售本公司产品。林总监是个非常理智稳重的营销职业经理人，考虑问题极为客观、现实，吴江为了说服林总监，可是费了一番大工夫！

吴江："林总监，您好！昨天上午我去了一家使用我们产品的客户公司，让人开心的是，他们的产品系统已经正常运行，正准备裁掉一些工人以节省人工成本。"

林总监："不瞒吴经理，我们公司前年就想上你们公司的产品信息化系统了，可是经过考察我们发现，很多企业用了你们公司的产品信息化系统，钱没少花，可效果不是很好。"

吴江："林总监，您这话说得一点都没错，上一个项目就得谨慎考量，特别像你们这样的知名大公司，更要注意，大把的钱花出去，一定得见到效果才好啊！不知林总监是否认真研究过，其他公司为什么装了我们的信息化系统效果不好？"

林总监："不管是你们公司的产品信息化系统，还是别的公司的产品信息化系统，都只是一个提升工作效率的工具，如果这个系统太先进，不适合企业实际的环境，是达不到预期效果的，因此作用也不大。"

吴江：林总监，您讲得太精辟了！其实就是这样的，企业超前半步就是成功，但要是再超前一步就成先烈了，所以企业的信息化管

理绝对不能搞‘大跃进’式的发展，您说是吧，林总监？但是话又说回来，如果给项羽一挺机关枪，那他的战斗力与威力肯定会提高无数倍，您说对不对？”

林总监：“对。可是信息化系统费用这么高，这也是我们公司要再三考虑的一个问题。”

吴江：“林总监，这种投入是一本万利的。如果林总监您英明地引入这套系统到贵公司，使公司今后的发展越来越好，业绩更高，品牌更有影响力，您可是立下汗马功劳了，您是公司的大功臣啊！更何况现在已经进入大数据、信息化时代，像你们这样著名的企业一定要抓住这个发展商机啊！

“您看这样好不好，您定一个时间，将各部门的负责人都请到会议室，让我们公司的售前信息化高级工程专家给大家介绍一下大数据、信息化时代，信息化系统的应用将给企业带来什么样的发展与业绩提升。您看如何？”

林总监：“好！就这么定了，下周五下午3点30分，让你们的高级工程专家过来吧。下周见，吴经理，谢谢！”

吴江为了说服谨慎的林总监，他一直站在客户的角度、立场分析实际问题，精解产品将会给该公司带来的重大好处与利益，特别是给林总监带来的人生重大发展机遇！思维严谨的林总监听到吴江有条不紊、专业的分析后，从反对产品，不接受产品，到开始接受产品，最后打算购买产品的意识已经明显显现。这期间，吴江在销售成交策略上演绎得非常好，出奇制胜，招招到位，主动出击，最终获得客户认同。

谨慎理智型的客户逻辑思维性很强，好奇心深，感觉敏锐，遇到事情，喜欢将事情刨根问底，了解清楚，还愿意表达出自己的不同想法。我们要善于利用这类客户的心理特点，在销售成交过程中多认同客户的观点。特别是与谨慎理智型客户谈话时，即使肯定对方一个小小的优点，客户的内心都会高兴开心的。

在销售成交过程中，我们会经常面对谨慎理智型的客户，如果我们能够切实地从产品的显性价值与隐性价值点出发，换位思考，以客户的利益为考量，将客户的事当成自己的事去处理，全力帮助客户寻找所需要的东西，帮助客户做出正确合理的分析与判断。当我们将产品的价值与产品的优劣以及将会得到的利益好处都告知客户时，客户就会理性地做出最正确的选择，这样我们便打破了谨慎理智型客户内心的坚冰。

销售冠军成交智慧

○ 复杂的事简单做就是行家，简单的事重复做就是专家，重复的事用心做就是赢家！

○ 每天多做一点点就是成功的开始，每天创新一点点就是领先的开始，每天进步一点点就是卓越的开始！

当有人总是叹息“生意难做”的时候，依然有一些人生意很好……

当有人总是埋怨竞争激烈的时候，有一些人在埋头赚钱……

如果以上两句您认可，请您一定逐字看完以下内容：

○ 弱者思维不会成为强者！

○ 与其找借口不如找方法！

○ 财富的倍增必然有道，也必然有规律，或许方法变了，结果就变了！

销售冠军读后感悟		
序号	读后感悟	智者之心声
01	您的高看法	
02	您的新想法	
03	您的好建议	
您智慧的发现		

第二招　成交犹豫大客户，关键销售快准狠

通常在销售成交时，有些客户总是犹豫不决的，举棋不定，很多订单就这样流失了。当然，此类型客户并不是不想购买产品，而是欠缺最后做决定的勇气与信心。

销售冠军成交智慧之肯定认同语：您说得很有道理；我理解您的心情；我了解您的意思；感谢您的建议；我认同您的观点；您这个问题问得很好；我知道您这样是为我好。

有时犹豫不决的客户难以做出购买决定，我们可以帮助他们做出最后购买的选择，这样销售成交就易如反掌，成交就在一瞬间。

销售冠军成交智慧之要求成交法：只要我要求，终究会得到

56%的销售人员在沟通结束时不要求客户，24%的销售人员要求客户两次，14%的销售人员要求客户三次，2%的销售人员要求客户四次，4%的销售人员要求客户五次。

但60%的成交是在客户拒绝五次之后发生的！

王芳是广州市广佰商城某著名服装品牌专柜的高级导购员。她常会遇到这样的顾客，总是站在产品面前犹豫不决地试来试去，挑选不停，可是不知道到底买哪种款式、颜色、风格、面料的服装。往往在这个关键时刻，王芳会快步走上前去，及时地为顾客进行温馨专业的服务，让客户购买到满意的货品。

"姐姐，您好！请问您需要哪种颜色的上衣？"

"嗯，粉红色的……"

"粉红色的是吗？这件您觉得如何？刚从法国进口的最新流行款式。"

"嗯……粉红色的上衣看起来似乎太年轻了点，不符合我现在的年纪……"

“不会啦，这件衣服您穿起来气质高雅又大方，时尚而又不奢华，很配您的肤色和身材，就像为您量身定制的，真是美极了！姐，您还考虑什么呢？”

“噢，是吗……嗯……好吧，那就买这件吧。”

销售冠军成交智慧之客户消费的8大动机

○ 避免现在的痛苦，必需的。

○ 避免未来的痛苦（如果……你们将……）。

○ 满足现在的快乐（领先优势），得到。

○ 满足未来的快乐（投资回报增加），拥有什么。

○ 过去痛苦的教训，是需求的开始。

○ 过去快乐的延伸，是持续拥有它。

○ 兴趣、激励或好奇的影响，下定决心。

○ 受人影响，自己想拥有，从众消费心理。

一般在犹豫不决的客户面前，销售人员一定要以咨询师或专家的身份，为客户全方位服务，直到客户满意为止！

销售冠军成交智慧之解除抗拒的套路

○ 确定购买决策者。

○ 耐心听完客户提出的抗拒点。

○ 确认抗拒信息。

○ 辨别真假抗拒信息。

○ 锁定抗拒问题。

○ 取得顾客承诺点话题。

○ 再次框式销售。

○ 合理引导与影响客人的购买意愿度。

一般顾客的反对意见不会超过三个，所以预先列出：时间、钱、决策人、不了解、不需要等问题的对应策略点。

销售冠军成交智慧之问话6种作用

○ 问开始（开始时只要你一问，对方便开始思考，你便吸引/掌控他的思维）。

○ 问兴趣（人们愿意谈他感兴趣的）。

○ 问需求（了解对方需求与购买价值观）。

○ 问快乐（购买能带来什么快乐）。

○ 问痛苦（问清楚客户的痛苦，给予扩大，当他很难受时，告诉他解决方案）。

○ 问成交（现金还是刷卡？定金还是全款？）。

销售冠军读后感悟		
序号	读后感悟	智者之心声
01	您的高看法	
02	您的新想法	
03	您的好建议	
您智慧的发现		

第三招　沉默寡言准客户，话术拦截快突围

销售冠军秘诀：销售产品就是销售问题的解决方案。

人是基于问题才会产生需求！要让客户购买产品，首先要找出客户现在所面临的问题（找出痛苦点），这个问题也就是他的伤口（深挖痛苦口），我们要扩大他的问题（扩大痛苦面），问题越大就激发出他越大的需求（解痛，往伤口上药），我们的产品正是能满足他需求的解决方案，所以我们所销售的不是产品本身，而是某一个问题的解决方案，我们是在销售最有价值的成交方案！

在日常销售过程中，我们有时会碰到一些总保持沉默的客户。不管我们的态度多么热情、多么积极主动，这类客户都不怎么回应，因此我们很难知道客户内心的真正诉求与需求。对于此类沉默型客户，必须要想办法（痛点销售成交法）走入消费者心理，抓住消费者最真实的需求与核心消费价值观。

善于察言观色的销售精英们常会发现，虽然沉默寡言的客户讲话少，实际上他们是在认真地倾听与判定产品的价格如何，款式如何，品质如何，品牌如何等。对于产品的好与坏，他们有着自己的思考。这类客户并不是难以沟通与销售成交的，而是客户的性格使其不善沟通交流。实际上，沉默寡言的客户，往往是潜在的大客户，这类客户非常冷静、细心，一般对陌生人有极强的防御和警惕的本能，有时即便是很赞同销售人员的营销卖点，也不会直接与销售人员沟通，而且说话很少。这时，销售人员要使用话术拦截与制造沟通突围法则式营销手法，“搞定”客户。

王磊是一家大型品牌家具专卖店的销售经理。一天，他刚组织销售团队开完早会，正准备外出办事，一位大姐来店里看新到货的欧式风格家具，准备购买一套。销售人员积极、主动、热情地接待了她，

问她需要什么样的家具，房屋面积有多大，预算大约是多少等问题。可是，这位大姐只是说自己随便看看就行了，每走到一套沙发旁边就匆匆地观看几眼又离开了。面对销售人员热情、主动、专业的销售沟通交流，她显得有些窘迫与抗拒，转了几圈，感觉到没有适合自己的家具，就准备离开。

此时，王磊与销售人员一起留住客户，他以多年的销售成交经验立即识别出这位大姐是性格内敛但很有修养的客户，虽然话不多，难以沟通交流，但从她的眼睛可知其一定有所需求，购买的可能性很大。

“沉默寡言大客户，信任销售快成交”。如何让客户对销售人员产生信任感，发自内心地愿意与销售人员做深度的沟通，获取客户真正所需要的产品，是销售冠军成交的核心竞争力。

经过与这位大姐的深度沟通后，王磊对客人的需求有所了解，直接将客户请到了欧式风格的家具销售展区（此时采用的是“定位销售法则”），引导客户使用VR系统对一套价值60万的组合家具进行体验（这里采用的是“实景案例见证”销售法）。

“实景案例见证”销售法

1. 使用目的

（1）设计引导销售成交，通过经典案例分析证明FABE法，刺激消费者购买欲望。

（2）通过当地知名楼盘实景案例的见证，提升客户对品牌的认同感。

2. 使用情景

在销售过程中，在客户对品牌以及产品都不是很了解的情况下，通过优质的服务，引导客户停留，运用“实景案例见证”道具，给客户提供家居空间搭配以及风格上的引导，引起客户的兴趣。

3. 使用话术

先生/女士，您好，对于选购家具您一定要慎重并保持耐心，毕竟是家里面的大件物品，选择对的、选上好的能免去您在今后的使用过程中的很多烦恼。您可以看一下这边，这是之前购买过我们产品的客户，这里有各种风格的家居空间以及各种不同大小户型的实景案例，您一定能选到一款满意的产品。当然，我们也可以根据您的意愿以及您家的具体户型，为您量身设计特有的家居空间方案。

通过自身体验及与王磊等销售人员的深度互动，此时这位大姐也没有了防备之心，并将自己的需求全部告诉了王磊及其销售团队，最终王磊成交了一笔大单。

我们面对沉默类型的客户时，一定要冷静应对，及时计划销售成交策略，找准问题的突破口，对号入座，对症下药，找痛、挖痛，最后解痛。“买卖不成话不到，话语一到卖三俏”。面对沉默类型的客户，销售人员与其沟通时一定要把握好关键火候。“话到深处便是情，说到重点便是销，点到痛处便是要，痛到节点便是交”！

销售冠军读后感悟		
序号	读后感悟	智者之心声
01	您的高看法	
02	您的新想法	
03	您的好建议	
您智慧的发现		

第四招　购买挑剔严把关，细节成交是关键

“物美价廉”是很多客户的购买心理，在移动互联网时代，产品信息随处可见，客户在购买产品时选择的机会太多，线上线下都有选择的机会，有的客户是在线上选择好后到线下卖场选购，有的客户是在线下选择好再到线上购买产品。当下客户在选择要买的产品时都特别挑剔。移动互联网时代产品信息太多，不知哪些是好，哪些是坏？所以客户挑剔购买，他们对自己所购买的产品总是千挑万选才决定购买。如果销售人员性子比较急，在与小心挑剔的客户沟通交流时，肯定会倍感焦虑与不安，认为是在浪费时间。在面对小心挑剔型客户时，销售人员一定要根据销售场景与情况，快速制订出一套心理销售法，科学、合理、高效地销售成交这种类型的客户。

小心挑剔型客户心理活动特征：做事过分小心，甚至一个小小问题都在顾虑之内；常常因为一个无关大局的小事影响情绪；对你所说的话都持怀疑态度，甚至对自己本身也如此。

小心挑剔型客户的辨别方法：对于必要的回答，他经常一言不发；他的眼神紧跟着你的每一个举动；握手时，先凝视你，而后再与你握手。

小心挑剔型客户的应对策略：以亲切的态度与其交谈，千万不要和他争辩；不要对他施加压力；介绍产品情况时，态度要深沉，言词要恳切；介绍产品品牌的同时还必须观察他的忧虑；以好友般的关怀询问他：“我能帮助你吗？……”控制他的情绪和态度，始终要让他心平气和；通过几个细节的介绍尽快取得他的信任，增强他的信心；当他的问题远离主题时，要随时创造机会引入正题；如成交应该“快刀斩乱麻”，尽快签约，坚定他的选择。

小心挑剔型客户女多于男，他们对你所说的话疑问特别多。其购买欲属于大波型，即一旦想购买你的产品，意念一起，就不会很快打消。

喜欢把产品与其他公司的产品进行比较是这种类型客户的特点。如果我们有问必答，反而会失去对方购买的机会。碰到别的类型的客户也许可以做主动的比较分析，但遇上小心挑剔型客户多说无益，因为他们通常会反驳。如果我们对类似产品了解不够彻底，我们的话在对方眼中便不够权威，很可能失去对方的信任，对我们所做的产品功能的介绍也会不以为然。所以，对这种类型的客户不可以否定，最好的办法是把话题岔开，不要与对方形成对立，等客户再也想不出问题发问时，即表示成交的时机到了。这种类型的客户虽然喜欢提出问题，却仅是为了表示他懂得很多而已，并不会挑剔结果，所以只要了解对方的心理，注意倾听，表现出尊重的样子，反而会使他主动做出“成交”的决定。

销售冠军成交智慧

○ 顾客要的不是便宜，要的是感觉占了便宜。

○ 不要与顾客争论价格，要与顾客讨论价值。

○ 没有不对的客户，只有不够好的服务。

○ 卖什么不重要，重要的是怎么卖。

○ 没有最好的产品，只有最合适的产品。

○ 没有卖不出的货，只有卖不出货的人。

○ 成功不是因为快，而是因为有方法。

销售不跟踪，最终一场空！美国专业营销人员协会报告显示：80%的销售是在第4～11次跟踪后完成！如何做好跟踪与互动？

○ 特殊的跟踪方式加深印象。

○ 为互动找到漂亮借口。

○ 注意两次跟踪间隔，建议2～3周。

○ 每次跟踪切勿流露出急切的愿望。

○ 先卖自己，再卖观念。

销售是一个创造客户，并为客户提供高于竞争对手的价值，同时为公司带来利润的增长和实现销售业绩增长的过程。

面对小心挑剔型的客户，销售成交的核心是一定要站在提供给客户帮助与服务的基础之上，要用最好的服务、一流的销售技术、专业的成交能力等将品牌塑造成爆品来满足客户的需要。此类型的客户做事很是挑剔与周密，在购买产品时总是考虑问题全面、周到、细致。这种类型的客户成本意识非常强，因此他们对品牌、产品、质量、服务、款式、价格、性能等要求高，他们会从各个方面来考量利弊得失与购买力。他们轻易不会做出购买决定，销售人员需要找到其软肋与痛点才能促使其做出购买产品的决定。

面对小心挑剔型客户，销售人员可从以下16大经典营销系统开始组合销售。

〇产品（Product），用FABE法则销售。

〇价格（Price），用ABCE法则呈现给客户，不要一口价。

〇渠道（Place），发现你的客户，找对人，做对事。

〇推广（Promotion），线上线下传播，移动互联网之最有效工具：口碑打造。

〇关联（Relevance），你的产品，卖给谁最好，用什么渠道，如何销售。

〇反应（Reaction），客户体验销售，互动营销，爆品思维。

〇关系（Relationship），跨界营销，统筹营销，整合营销，发生关系。

〇回报（Reward），服务多少客户，你的市场就有多大。

〇消费者（Customer），所有的消费者、准客户，为产品、品牌而影响到的消费群。

〇成本（Cost），销售没有业绩，就是成本。

〇便利（Convenience），方便消费者购买，产品带来使用与享受方面的便利。

○ 沟通（Communication），产品与消费者所产生的情景连接通道。

○ 差异化（Variation），与众不同，物以稀为贵。

○ 功能化（Versatility），产品使用价值与产品本身价值。

○ 附加价值（Value），超出想象的产品使用价值。

○ 共鸣（Vibration），引起消费者与产品、品牌的共鸣。

面对小心挑剔类型客户，销售人员也可以用SPIN销售成交法。

○ Situation Question 背景问题：挖掘客户现有背景。

○ Problem Question 难点问题：引导客户认识隐含需求。

○ Implication Question 暗示问题：放大客户需求的迫切程度。

○ Need-pay Question 需求-效益问题：揭示你的方案对客户的价值。

任何成功的销售都是融会贯通的产物，利用各种营销与销售模式、方法、手段、套路，最终实现销售目标，成为销售冠军。

销售冠军成交智慧

天下难事必作于易，天下大事必作于细。

销售冠军读后感悟		
序号	读后感悟	智者之心声
01	您的高看法	
02	您的新想法	
03	您的好建议	
您智慧的发现		

第五招　直客暴躁易购买，用户为王新时代

销售冠军成交暴躁型客户的9大智慧

○ 客户就像是咱们的长辈，要有恭敬心，无私无我销售法，情感营销模式之一。

○ 客户就像是咱们的师长，要有尊敬心，无始无终销售法，认同营销模式之一。

○ 客户就像是咱们的朋友，要有互敬心，无欺无瞒销售法，亲情营销模式之一。

○ 客户就像是咱们的亲人，要有爱敬心，无内无外销售法，仁爱营销模式之一。

○ 客户就像是咱们的恩人，要有崇敬心，无缺无憾销售法，感恩营销模式之一。

○ 客户就像是咱们的家人，要有亲敬心，无计无较销售法，体验营销模式之一。

○ 客户就像是咱们的长官，要有敬畏心，无怠无慢销售法，尊重营销模式之一。

○ 客户就像是咱们的街坊，要有礼敬心，无分无别销售法，信仰营销模式之一。

○ 客户就像是咱们的父母，要有孝敬心，无怨无尤销售法，孝道营销模式之一。

1. 暴躁型客户的辨别方法

○ 遇到投入的话题，总是坐不住椅子。

○ 经常打断你的话题，问一些你没有思想准备的问题。

○ 握笔写字时，右手拇指习惯地按在食指上。

○ 握手时非常猛烈，令你有疼痛感。

2. 暴躁型客户应对策略

○ 不断地强调产品特色，可以促使他快速决定。

○ 经常重复关键的话题，客人关心什么，就强调什么，重复什么。

○ 介绍产品特有的品质的时候，我们首先要自我肯定，采用点头的动作，但要自然而然，不要让他识破。

○ 在整个销售成交沟通过程中，要不断地做手势，吸引他的目光，诱导他的潜意识。

○ 当他不想购买时，要应对得体，以免他过激的言辞影响其他客户。

3. 暴躁型客户的应对技巧

暴躁型客户从不按理出牌，即使是第一次和销售人员见面，只要他有什么不满意的地方，他就会直接表达出他的愤怒。他绝对不是那种喜怒不形于色的人，这样的好处是，销售人员可以很直接地观察到他的喜恶，不用进行揣测。

如果销售人员清楚地将对方纳入暴躁型这一客户群，凡事都要小心翼翼，最好不要犯任何的错误。在拜访前，销售人员要做好充分的准备，以确保每一样资料、样品都带齐全，千万不要等拜访进行一半时，才发现缺失资料。这种类型的客户最没耐心，更不想听销售人员的任何解释，他会直接破口大骂!

即使错不在销售人员，还是要用真诚的态度告诉他“很抱歉”，并且请求对方的原谅。

争辩是最无济于事的，因为这只会惹得对方恼羞成怒，死不肯认错，最后索性不想做这笔生意了，以顾全自己的面子。这对销售人员来说，是绝对得避免的情况。

有时候，他发脾气是毫无来由的。也许根本和你毫不相干，但他才不管三七二十一，先找个出气筒再说!

其实这个时候反而是销售人员的大好机会，不妨好好探询他。“究竟是什么事惹得您这么生气？说出来也许您会好过一点！”

这时，他正愁找不到人诉说。当他诉说之后，心中的怒火应该也平息了一半。销售人员也知道了客户生气的原因，如果刚好也能帮他想想办法，相信他必定会感激不尽，而且这时他可能有下列反应：真抱歉，我刚刚真是气急了，不小心连你骂了；把你们公司的产品目录拿来我看看！

就这样，客户被销售人员征服了！

有时在销售成交过程中难免会碰到脾气暴躁的客户，一旦与客户沟通不好、不到位，不但不能成交，而且还会丢了订单与成交机会，可能还会与客户发生没有必要的语言冲突，不仅得罪客户，而且对企业的产品与品牌形象造成很大的影响。

一般脾气不好的客户，总是吹毛求疵，而且疑心特别重，要求高，不怎么信任销售人员。暴躁型的客户往往认为销售人员只会说自己的产品如何如何的好，掩饰产品的缺点，只讲优点。他们一般是听不进销售人员的话的，始终认为自己是对的，别人说的都不对，有时候甚至冷言冷语将销售人员拒之门外。客户脾气不好，越急躁，销售人员越要镇静自若。最好的销售成交办法，就是顺着客户的脾气走，礼让三分，一定不要和客户计较。

建材公司的销售人员刘军去一家公司销售一款新式高级地板砖，刚到公司客户就以工作太忙为由，匆匆与刘军见了一面，没好气地拒绝了刘军的销售。

刘军见客户一脸不耐烦的样子，说：“我知道您和您的同事们都很忙，我很理解您。我来销售你们公司正需要的装修优质地板砖，是一位客户介绍我来的，说你们公司为了树立良好的企业形象，准备打造世界级的品牌，所以我是来帮助你们的，难道还不欢迎吗？”

这时客户的态度明显有所改变，刘军坚持说道：“您如此繁忙，没有时间听我详细介绍我们公司的产品，是因为您没有认识到企业形象的提升可以吸引大客户，能为企业带来源源不断的财富。企业要发展必须从外到内都要改变，包括：硬件，即企业由外到内的形象实力，软件，即企业的品牌、人才团队。打造一流的工作环境是凝聚核心人才的关键。”

当客户听了刘军的一席话后，对刘军公司的产品产生了浓厚的兴趣，开始心平气和地与刘军沟通交流起来，并看了刘军带来的样品。客户很满意，当即与刘军签下购买合同，首批订购150万元的产品。刘军持续跟进，与客户充分沟通，在第三周终于收到客户首批150万元的货款。

在销售成交过程中，即便客户态度非常不好，刘军依然耐心、专业、诚恳地与客户沟通交流。倘若刘军因为心里受点委屈就与客户争吵不休，怎么能将销售做下去呢？能良好地驾驭客户的脾气并对其进行引导，客户的态度与最终销售的结果会大不一样，客户一定是可以引导与影响的。

销售冠军成交核心智慧

○ 生客卖礼貌，心法销售模式。

○ 熟客卖热情，状态销售模式。

○ 急客卖时间，快速销售模式。

○ 慢客卖耐心，服务销售模式。

○ 有钱卖尊贵，价值销售模式。

○ 没钱卖实惠，助人销售模式。

○ 时髦卖时尚，品位销售模式。

○ 专业卖专业，顾问式销售模式。

○ 豪客卖仗义，个性销售模式。

○ 小气卖利益，实用销售模式。

销售冠军读后感悟		
序号	读后感悟	智者之心声
01	您的高看法	
02	您的新想法	
03	您的好建议	
您智慧的发现		

第七章

销售冠军将帅才，千变万变抢市场

第一招　销售将才高标准，业务能力是核心

善知者无畏，善战者无敌，善任者领众。兵不在多，而在精；将不在勇，而在谋！

销售经理、营销总监、营销总经理的销售信念与定位

○强烈的成就动机，是销售精英与营销领导人及销售团队的精气神。

○积极的自我定位，是销售精英与营销领导人及销售团队的方向标。

○对结果自我负责，是销售精英与营销领导人及销售团队的竞争力。

○没有疲软的市场，只有疲软的销售思想，是销售精英与营销领导人及销售团队的原动力。

○销售主要靠问对问题的系统模式，是销售精英与营销领导人及销售团队的核心力量。

○持续的学习成长，是销售精英与营销领导人及销售团队的完成销售目标任务的关键。

销售冠军的标准流程：①充分的准备（自我与销售团队）；②激发正面情绪状态；③建立亲和感；④了解客户的问题和需求；⑤塑造产品价值；⑥消除客户抗拒；⑦销售成交模式；⑧一流的服务；⑨大客户营销；⑩客户关系维护。

销售冠军的业务能力是关键，有3种类型。

（1）销售告知型。

○不管你有没有需求，只负责告知。

○以销售人员的身份出现。

○以卖产品和提供服务为目的。

○说明解释为主。

○ 销售成交量大，在销售过程中列举成交成功的例子，更容易让人信服。

成交率的高低是决定销售人员水平的重要指标，要提高成交的成功率就要努力完成自我提升，从告知型销售转变为顾问型销售。

（2）销售顾问型（销售医生）。

○ 询问、诊断、开处方。

○ 以行业专家顾问身份出现。

○ 以协助客户解决问题为目的。

○ 是客户要买，而我公司有。

○ 建立信赖，引导为主。

○ 成交率高，重点突破。

（3）销售NLP教练型。

○ 构建积极、坚韧、热情的销售冠军自我形象。

○ 保持最佳的工作状态。

○ 系统掌握成功销售的各种技巧。

○ 拥有良好的客户关系。

○ 提高销售团队的整体凝聚力和活力。

○ 迅速提升销售业绩1～3倍以上。

○ 建立轻松快乐、高收入的销售事业。

<table>
<tr><th colspan="5">销售将帅胜任能力指标系统</th></tr>
<tr><td rowspan="2">销售冠军</td><td>胜任职称</td><td>销售经理/营销总监/营销总经理能力</td><td>所属部门</td><td>营销中心</td></tr>
<tr><td>胜任能力</td><td>100%指标</td><td>职位级别</td><td>经理/总监/总经理</td></tr>
<tr><td>胜任能力</td><td colspan="4">根据企业销售战略制订销售计划，并据此组织本部门开展各项销售工作，带领本部销售人员认真负责地完成月度、季度、年度的销售业绩目标</td></tr>
</table>

续表

<table>
<tr><th colspan="6">销售将帅胜任能力指标系统</th></tr>
<tr><th rowspan="2">销售冠军</th><th>胜任职称</th><th colspan="2">销售经理/营销总监/营销总经理能力</th><th>所属部门</th><th>营销中心</th></tr>
<tr><th>胜任能力</th><th colspan="2">100%指标</th><th>职位级别</th><th>经理/总监/总经理</th></tr>
<tr><td rowspan="14">销售冠军总监胜任能力指标</td><td>胜任要项</td><td colspan="4">销售经理/营销总监/营销总经理胜任能力系统</td></tr>
<tr><td rowspan="4">1. 营销战略与销售规划智慧</td><td>01</td><td colspan="3">在销售经理/总监/总经理的领导下，根据企业销售目标与计划，为企业市场营销策略提出意见和建议</td></tr>
<tr><td>02</td><td colspan="3">执行企业销售策略并负责市场开拓的策划和实施工作</td></tr>
<tr><td>03</td><td colspan="3">根据企业年度销售目标和计划的规定，制订所负责销售区域的产品营销计划，并分解产品销售目标</td></tr>
<tr><td>04</td><td colspan="3">带领销售冠军团队布局品牌产品未来3年、5年、10年战略规划</td></tr>
<tr><td rowspan="5">2. 营销运营与销售执行管理智慧</td><td>01</td><td colspan="3">全面销售战略布局，组织销售冠军团队，完成月度、季度、年度销售业绩</td></tr>
<tr><td>02</td><td colspan="3">带领销售团队大力开拓销售市场，重点拓展大客户营销</td></tr>
<tr><td>03</td><td colspan="3">对区域市场客户、消费者、渠道和品牌等进行合理定位与布局</td></tr>
<tr><td>04</td><td colspan="3">培育市场，培育客户，管理客户，深度挖掘销售渠道，锁定优质客户资源</td></tr>
<tr><td>05</td><td colspan="3">进行跨界发展，用互联网思维，打通线上与线下销售渠道</td></tr>
<tr><td rowspan="4">3. 市场运营管理（代理商/经销商/终端商）</td><td>01</td><td colspan="3">带领销售团队协助品牌代理商、经销商、终端商打造销售团队</td></tr>
<tr><td>02</td><td colspan="3">协助品牌代理商、经销商、终端商做渠道建设</td></tr>
<tr><td>03</td><td colspan="3">协助品牌代理商、经销商、终端商做品牌推广、建设、维护</td></tr>
<tr><td>04</td><td colspan="3">协助品牌代理商、经销商、终端商做会议招商、业绩爆破</td></tr>
</table>

续表

销售将帅胜任能力指标系统					
销售冠军	胜任职称	销售经理/营销总监/营销总经理能力		所属部门	营销中心
	胜任能力	100%指标		职位级别	经理/总监/总经理
销售冠军总监胜任能力指标	4. 市场拓展与渠道维护	01	带领销售团队开拓新市场、新客户、新市场盈利模式		
		02	协助销售冠军进销讲售渠道创新转型升级		
		03	维护销售渠道，让销售渠道发挥市场动力		
		04	建立全网营销服务系统		
	5. 品牌管理与爆品打造	01	销售冠军主管，要有系统的品牌管理意识，品牌就是销量		
		02	带领销售冠军团队维护品牌形象，打造产品品牌核心市场竞争能力		
		03	打造产品爆品模式，让产品说话，做到快、准、极致		
	6. 客户维护与培训	01	服务是最好的产品销售体验，服务也能维护客情，产生新的销售		
		02	强化客户培训与消费意识引导，打开消费者内心最后一扇门		
		03	开展主题培训活动，吸引消费者		
	7. 销售货款管理	01	销售货款统计、管理、分析，销售货款决定销售业绩的高、低、快、慢		
		02	销售货款的跟踪跟催，月度、季度、年度分析和研究		
		03	销售货款的管理，做账、分析、统筹安排，完成达成率		
销售冠军总监任职KPI指标	1. 财务指标	01	月度、季度、年度品牌产品销售达成率，同期同比业绩指标		
	2. 内部运营指标	02	销售团队内部月度、季度、年度管理指标完成情况分析、总结、改善		
	3. 客户指标	03	完成全年的盈利与业绩增长指标，保持市场的客户占有率		

续表

销售将帅胜任能力指标系统				
销售冠军	胜任职称	销售经理/营销总监/营销总经理能力	所属部门	营销中心
	胜任能力	100%指标	职位级别	经理/总监/总经理
销售冠军总监任职KPI指标	4. 学习与培训指标	04	每月度培训2次，季度6次，全年24次	
	5. 业绩指标	05	完成月度、季度、年度销售指标与业绩指标，责、权、利	
销售冠军总监任职能力		01	有强烈的销售心态与销售意识，要具备冠军精神	
		02	有专业的团队建设与管理能力，实操落地经验	
		03	有销售策划、组织、计划、执行、落地能力	
		04	有区域与销售终端业绩爆破能力	
		05	有代理商、经销商、终端商培训、辅导能力	
		06	有招商、新市场拓展、开发、突破、演讲、促销能力	
销售冠军总监任职资格	1. 知识智慧	01	市场营销专业知识及相关知识	
		02	心理学、领导力、执行力、财务、沟通	
		03	相关产品知识	
	2. 经验	01	学习经验的能力、规划的能力	
		02	市场新营销、销售、品牌、渠道、客户、新零售、互联网等经验	
		03	招商、演说、销讲、促销、布局市场	
	3. 技能	01	行动能力、执行能力、计划能力、核算能力、配合能力	
		02	销售团队建设、管理、带领、考核、培养、引导等技能	
		03	会销讲、会演说、会招商、会促销、会销售冠军成交技术能力	

续表

<table>
<tr><th colspan="5">销售将帅胜任能力指标系统</th></tr>
<tr><th rowspan="2">销售冠军</th><th>胜任职称</th><th>销售经理/营销总监/营销总经理能力</th><th>所属部门</th><th>营销中心</th></tr>
<tr><th>胜任能力</th><th>100%指标</th><th>职位级别</th><th>经理/总监/总经理</th></tr>
<tr><td rowspan="5">销售冠军总监价值观</td><td rowspan="2">1. 价值观</td><td>01</td><td colspan="2">阳光心态，强烈的销售冠军意识，争当第一的决心与信心</td></tr>
<tr><td>02</td><td colspan="2">勇冠三军的销售冠军精神，永不言败的气魄</td></tr>
<tr><td rowspan="2">2. 信仰</td><td>01</td><td colspan="2">热爱销售冠军荣誉称号，热爱销售、热爱品牌、热爱企业</td></tr>
<tr><td>02</td><td colspan="2">一生为销售冠军而战，一生以销售工作为人生最高职业</td></tr>
<tr><td>3. 冠军思想</td><td>03</td><td colspan="2">永远成为销售冠军，成为企业第一、行业第一、中国第一</td></tr>
<tr><td rowspan="6">销售冠军总监学习路径图</td><td rowspan="2">1. 业务学习系统</td><td>01</td><td colspan="2">市场营销与销售知识、技能、经验学习；团队建设与管理学习</td></tr>
<tr><td>02</td><td colspan="2">演讲能力、销讲能力、代理商/经销商/终端商管理能力学习</td></tr>
<tr><td rowspan="3">2. 经验学习系统</td><td>01</td><td colspan="2">市场布局，打造产品市场销售冠军，引爆市场，提升销售业绩</td></tr>
<tr><td>02</td><td colspan="2">渠道布局，打通线上线下营销与销售通路，吸粉、储粉、固粉</td></tr>
<tr><td>03</td><td colspan="2">品牌布局，维护品牌，塑造品牌形象，引爆品牌知名度，打造尖叫品牌，成为行业核心竞争力卓越品牌</td></tr>
<tr><td>3. 知识</td><td>01</td><td colspan="2">心理学、哲学、管理学、领导学、营销学等</td></tr>
<tr><td>销售冠军总监核心力量</td><td colspan="4">销售冠军成交智慧勇夺天下，引爆业绩成为行业终身销售冠军！</td></tr>
</table>

销售冠军读后感悟		
序号	读后感悟	智者之心声
01	您的高看法	
02	您的新想法	
03	您的好建议	
您智慧的发现		

第二招　经销商赢领导力，执行落地要第一

假如你是一位销售经理、营销总监、营销总经理、代理商/经销商/终端商，你要有强大的营销与销售领导力来带领你的营销与销售团队，让他们个个都成为公司与行业的销售冠军人才，用核心领导力来分析市场营销与终端线上与线下的销售成交，将商业模式与盈利模式很好地进行动态转换，敏锐地把握销售成交机会，因此领导力与执行力是核心。

1. 销售冠军市场领导力评估当前市场销售份额需求系统（表格式销售领导力）

（1）销售冠军产品市场总需求量调查评估表。

序号	产品	区域市场	销售容量	线上线下比	销售战法
01					
02					
03					

（2）销售冠军产品市场总需求与占有市场份额。

序号	市场（省/市/区）	销售服务模式	A级	B级	C级	爆品销售比
01						
02						
03						

（3）销售冠军对公司销售业绩提升的全面预测与科学规划。

序号	第一季度业绩	第二季度业绩	第三季度业绩	第四季度业绩	提升/%
01					
02					
03					

（4）销售冠军评估消费者在不同的市场春、夏、秋、冬四个季度的购买概率容量。

序号	市场竞争分析	市场春夏秋冬四个季度的购买概率容量					跨界机会分析
		春季/%	夏季/%	秋季/%	冬季/%	销售率	
01							
02							
03							

（5）销售冠军对移动互联网下的产品销售市场环境的预测与力控。

序号	区域市场	移动互联网营销模式			销售战法（商业模式）		
		电商销售	微商销售	网络销售	防御战	进攻战	游击战
01							
02							
03							

（6）销售冠军对产品销售市场连锁店销售比率与经销商/代理商的销售业绩比。

序号	品牌产品业绩分析	连锁销售率与经销商的销售业绩比				业绩指标	挑战目标
		经销商	代理商	连锁	终端		
01							
02							
03							

（7）销售冠军对品牌产品产业行业预测的市场销售战略评估与规划。

序号	区域市场销售业绩布局	品牌产品线	市场销售战略布局			新市场战略	行业销售占比
			过去市场	现在市场	未来市场		
01							
02							
03							

2. 销售冠军对企业品牌及产品未来的市场需求专业评估

（1）销售冠军采取的是专家意见法，进行行业、品牌产品大数据透视、分析、评估。

（2）销售冠军常见的销售预测系统方法，预则立，不预则废，科学预测则是引爆销售业绩提升的关键一环。

（3）销售冠军采取时间序列分析法，根据市场同期同比销售的份额占比进行分析，做下一步的销售决策。

（4）销售冠军采取市场试销法，使新品牌、新产品更好地、更安全地进入市场，服务消费者，进行市场区域范围内由直营或经销商、代理商或网络线上进行试销，并跟踪市场及消费者对产品使用的相关信息，进行分析、提炼、梳理，最终为产品市场销售战略全面布局下打坚实的基础。

（5）销售冠军采取对爆品市场销售优先领导指标法，集中优势力量打造爆品销售市场。

（6）销售冠军采取销售员意见综合法进行市场销售评估。

（7）销售冠军采取常见的销售预测方法表对销售市场的稳定性进行加固。

3. 销售冠军市场需求界定总表

序号	市场销售需求项目界定	冠军区域市场	销售冠军年度销售战略布局			
			一季度	二季度	三季度	四季度
01	销售冠军最低市场需求					
02	销售冠军合格有效市场					
03	销售冠军可扩展市场					
04	销售冠军目标市场					
05	售冠军区域市场需求					
06	销售冠军渗入市场					
07	销售冠军市场潜量					
08	销售冠军不可扩展市场					
09	销售冠军市场总需求					

销售冠军读后感悟		
序号	读后感悟	智者之心声
01	您的高看法	
02	您的新想法	
03	您的好建议	
您智慧的发现		

第三招　团队打造更重要，带队育人要做到

销售冠军五大核心思维如下。

（1）团队思维（销售冠军团队建设是核心竞争力）：如何组织、计划、执行、控制、培训等，解决的是如何生发力量（能量机制）的问题（人、业绩、考核、晋升、愿景、规则）。

（2）产品思维：解决的是如何销售赚钱（商业模式）的问题（卖什么，怎么卖，在哪里卖）。

（3）客户思维：解决的是如何抢钱（盈利模式）的问题（不能靠能人，也不能靠神人，要靠新营销与新零售业务流程与系统）。

（4）爆品思维：解决的是如何将三流的产品卖出一流的价值（品牌新营销模式）。

（5）互联网思维：解决的是如何将不可能变成可能（线上线下商业模式）。

冠军团队何以为冠军？就是因为冠军能人所不能，“有条件（市场动态）要上，没有条件创造条件（市场竞争）也要上”。销售冠军团队敢于面对眼前的一切困难和挑战，不论条件多么艰苦（业绩引爆），都会想办法克服。在销售冠军团队的字典中，没有“不可能”三个字，只有坚决、坚定、百分之一百的服从与执行，从来都是剑锋所指，所向披靡。

1. 顶级销售冠军团队秘诀之一：团队核心力量

即有计划、有组织、有控制、有协调、有沟通、有执行、有责任、有价值观、有信仰、有包容、有付出、有管理、有指挥、有考核、有PK、有领导力。

“有条件要上，没有条件创造条件也要上”是一种强大的销售冠军团队执行力文化。它弘扬的是勇往直前、排除万难的精神，鼓励的是勇做拓荒者、领路人的魄力，倡导的是甘愿付出代价（业绩）、不怕牺牲（开拓

市场）的觉悟。它要求团队人人奉行并植入骨髓（心态），如同中国人民解放军（销售冠军团队）“一不怕苦、二不怕死”的大无畏精神一样，它应该既是理念，又是口号，更是行动指南。只有这样，我们才能把团队打造成像中国人民解放军一样坚不可摧的铁军（销售冠军团队）。

“有条件要上，没有条件创造条件也要上”强化的是团队中的每一个人都要想尽办法去完成任何一项任务，无论身处什么样的环境，遭遇什么样的困难，都必须学会对自己的一切行为负责，不达目的誓不罢休。这就要求每个人都要有毫不畏惧的决心、坚强的毅力、完美的执行力以及绝对忠诚的服从力。

商场如战场，在激烈的市场竞争中，企业每前进一步都会碰到各种各样的困难，面临各种各样的考验，很多销售团队在执行任务的时候畏首畏尾，犹疑不前；完不成任务就归罪于客观条件不够好，如产品质量太差、产品价格太高、客户太挑剔、竞争对手太强等。这些团队之所以不能成为销售冠军，就是因为他们习惯于寻找冠冕堂皇的借口，把推诿、迁怒、怨天尤人、愤世嫉俗当成了最好的发泄口。

成功的执行法则是现在就付诸行动。“现在”意味着立即、马上，一刻不停，绝不拖延。销售冠军团队的战士们从来不会把时间浪费在寻找借口上，而是立即千方百计地创造成功的条件——没有资金，就想办法筹集资金；没有技术，就想办法引进技术；没有人才，就想办法招募人才；没有客户，就想办法挖掘客户……

路不在他方，就在自己脚下；命运不在别处，就在自己手中。机会是靠自己积极争取的，条件是靠自己努力创造的。要想做冠军，就必须要有迎难而上的决心；要想做冠军，就必须要有不惜任何代价的觉悟；要想做冠军，就必须有决战决胜的雄心。只有“有条件要上，没有条件创造条件也要上”才能真正成为冠军！

2. 顶级销售冠军团队秘诀之二：有排头就站，有第一就争，有红旗就扛，有奖牌就夺，见先进就学

“有排头就站，有第一就争，有红旗就扛，有奖牌就夺，见先进就学”强化的是无论在何种情况下，销售冠军团队都要高标准设定目标，严格要求执行任务，做到事事争先、处处领先。只有这样，团队成员才不会给自己的失败找托词、找退路；只有这样，才能够打造一支销售冠军团队。做到第一名才算目标达成，不是第一，就是失败！

“有排头就站，有第一就争”不仅是销售冠军团队超强进取心和超强战斗力的体现，更是团队战士发挥“挑重担、做奉献”的引领作用和精神的真实写照。“站排头、争第一”就意味着要承担更重的责任、付出更多的辛苦，时时刻刻保持个人以及团队的先进性，使自己成为他人学习的标杆。

争第一，一定要明确争第一的目的。销售冠军团队争第一，是为了企业整体的利益和全局的需要，是为企业的建设和发展多做贡献、多承担责任；争第一，争的是团队荣誉，而不是个人名利和地位。

“有红旗就扛，有奖牌就夺”生动地刻画了销售冠军团队顽强拼搏、奋勇争先的进取精神。

在工作中，争先创优、不甘后人；在学习上刻苦钻研，争做模范。只有人人争先、个个奋勇，才能保证各项任务的圆满完成。

孔子曰：“见贤思齐焉。”每个人都有自己的长处，有独特的闪光点。即看到自己的长处，又能看到他人的闪光点，“见先进就学”，不仅是一种实事求是的态度，更是取长补短、锐意进取的表现。

见先进就学，关键是立见立行。我们身边从来不缺少“先进”，也不缺少发现先进的目光，关键是缺少立即学习的具体行动。只有雷厉风行、不等不靠、大胆动作、大步向前，才能真正将“见贤思齐”落实在行动上，才能达到赶超先进的最终目的。

3. 顶级销售冠军团队秘诀之三：保销售冠军团队不如争销售冠军

保销售冠军者往往会失掉冠军，而争销售冠军者则更有机会夺得冠军。道理何在？一是目标牵引力不同，二是心理暗示作用不同。

保销售冠军团队和争销售冠军团队是两个不同的销售冠军行动目标。

首先，二者高度不同。“保”意味着努力是有限度的，保冠军者很容易降低对自己的要求，他们往往把冠军看作囊中之物，只要千方百计维持现状就好了，不用再求突破、寻发展。正因为没有更高的追求目标，其精神风貌也就表现出平和而非奋勇争先，其创造性、拼搏性也随之减弱。“争”则意味着没有最好，只有更好，奋斗永无止境。争销售冠军者的目标永远比够得到的高度再高一点点，以促使自己总是“更上一层楼”。“欲得其中，必求其上，欲得其上，必求上上。”面对愈加严峻的市场竞争形势，欲得冠军，我们必须始终坚持“争冠军”的目标，绝不能掉以轻心。

其次，保销售冠军和争销售冠军者的心态是不同的。

第一种情况是：保销售冠军者容易懈怠、轻敌，争销售冠军者则始终抱有忧患意识。“保销售冠军”带来的是往往是放松和随性。一个总是把以往的销售冠军头衔挂在嘴边的团队，很快失去上进动力。他们生活在过去的荣誉中，很容易耽于安逸和享受，最终“大意失荆州”。而“争销售冠军”带来的却是压力和紧张。争销售冠军者永远向前看，无论过去战绩多么辉煌，都始终保持警惕，戒骄戒躁、开拓进取。“好汉不提当年勇”，才能成为“常胜将军”！

第二种情况是：保销售冠军者容易患得患失，争销售冠军者则义无反顾。换言之，“保销售冠军”想赢怕输，缺乏激情；“争销售冠军”则心无旁骛、全力以赴。保销售冠军者过于看重“销售冠军”的荣誉，生怕丢了桂冠，他们心里想的就是“别失去销售冠军”，无形中就产生了心理暗示，不停地强调“失去”。于是他们一边想着“别出错”“别失误”，一边事与愿违，将“出错”“失误”等消极字眼植入心灵深处。与此相反，争销售冠军者给自己的心理暗示则是“战胜对手、超越自己”，这些积极的字眼无疑会勾画出一幅催人拼搏向上的图画，以巨大的力量激励他们不断朝着更高的目标前进。

“保销售冠军”是被动地“挨打”，即使没被打败也仍然是在原地踏步；“争销售冠军”是主动地挑战出击对手，只要保持前进就一定能成功。保销售冠军与争销售冠军，虽只有一字之差，却有天壤之别。能否获得销售冠军，也许就在一念之间。“保销售冠军不如争销售冠军”，一个团队不管以前是不是销售冠军、现在是不是销售冠军，都应该永远以“争销售冠军”为座右铭。只有这样，这个团队才能成为一个不被战胜的真正长期的世界级的销售冠军精英团队！

4. 顶级销售冠军团队秘诀之四：从争销售冠军到不做销售冠军都难

“争”是一种积极进取的态度，是对别人的超越，也是一种自我超越。当“争销售冠军”成为一种习惯、一种工作态度、一种条件反射，甚至是一种生存状态，则“不做冠军都难”。

争销售冠军争到“不做销售冠军都难”，是企业品牌市场营销与销售保持长久竞争优势的最大秘诀之一。这里有两个关键词：一个是持续进步，一个是长期持久。

如何才能持续进步呢？没有训练的企业营销与销售团队是不能长久的。要想持续进步，就必须持续训练。“合理的培训是训练，不合理的培训叫磨炼，强加的培训叫锤炼”。“复杂的事简单做就是行家，简单的事重复做就是专家，重复的事用心做就是赢家”！

持续营销与销售实战能力训练是提升销售团队素质进而提升销售团队成交业绩的重要手段与法宝。营销与销售专家的研究表明，即使是拥有相同营销教育背景和销售从业经验的人，在从事相同销售工作时的高效率也会存在很大差异（有时这种差异可高达60倍左右），原因就在于其营销与销售成交专业训练素质不一样。销售成交素质高低强弱直接影响个人的销售业绩结果和团队的销售绩效成果。可以说，提高销售与营销团队全员专业素质是打造销售冠军成交智慧团队的基础与动力。因此，要想销售团队持续进步，就必须通过持续的营销与销售训练逐步提高营销与销售团队成员的个人营销与专业销售素质，补齐营销与销售团队中的“短板”，从而提高营销与销售团队的整体专业素质，为“争销售冠军团队”打下坚实的基础。

销售冠军团队从来都不是不可企及的，但要成为销售冠军团队也要走艰难的路。这就意味着“争销售冠军团队”不仅是一个持续进步的过程，而且是一个长期持久的过程。

打好“争销售冠军团队”的持久战，就要求销售团队全员保持持之以恒、积极进取的工作态度和始终如一、紧张高效的工作态度。“争销售冠军团队”不能三分钟热度，也不是一时兴起，而是要竭尽全力，生生不息。唯有将“争销售冠军团队”的意识融入血液、刻入骨骼，将“争销售冠军团队”的行为形成惯性、养成定势，才能做到“N连冠销售冠军团队”，达到“不做销售冠军团队都很难”的境界。

争销售冠军团队不容易，一直做销售冠军团队、不被战胜更难！一次得销售冠军团队，可能是偶然，次次得销售冠军团队，则是成功的必然！只有一直争销售冠军团队，争到“不做销售冠军团队都难”的境界，这才是打造一支不被战胜的销售冠军团队的灵魂和最高境界之所在。

5. 顶级销售冠军团队秘诀之五：不相信苦劳，只相信功劳，苦劳就是犯罪

销售团队中总会有一些人，因为领导看不到自己的辛苦而感到委屈、愤懑：“就算没有功劳，我好歹也有苦劳啊！怎么对我这么残忍？”

在市场竞争中、在企业销售中、在销售团队建设中，真的是“没有功劳，苦劳也可以”吗？答案当然是否定的。销售冠军团队的理念是：“不相信苦劳，只相信功劳，苦劳就是犯罪”。

一个农民在自己的田里种满了优质西瓜。在他的悉心照料之下，西瓜长势喜人，根据市场价格预估，全部西瓜能卖1万元。

但是天有不测风云，西瓜刚长到鸡蛋大小，就被突如其来的一夜冰雹砸得稀烂。农民伤心之余惊喜地发现，在一块石板之下，有一个小西瓜“幸免于难”。于是他精心呵护这个西瓜，勤施肥、勤除虫，昼夜看守。

终于，这个西瓜成熟了。农民小心翼翼地把西瓜抱到市场上，给

大家讲述了这个西瓜的故事，并声明要以1万元的高价出售。然而他并没有如愿以偿，在遭到了无情的拒绝和嘲笑之后，他最终以2元/斤的市场价卖掉了西瓜。

没有功劳，再多的苦劳也等于零。在企业销售团队打造中也是如此。经验和资历固然重要，但并不是衡量能力的唯一标准——甚至有时候，经验只不过是某次工作的不断重复罢了——没有所谓的苦劳，一切要靠销售业绩说话。

苦劳就是犯罪。企业的最终目的是要追求利润。因此，每一个人都应该以为企业创造更大的利润为功劳。企业的用人标准应以能力为先，销售团队领导者或管理者要像猎豹一样死死盯住销售绩效，销售团队成员则只能拿销售业绩和销售实力来证明自己。因为功劳是有效的销售业绩，苦劳是无效的销售消耗。苦劳越大，消费和消耗销售资源越多！

6. 顶级销售冠军团队秘诀之六：一日之计在于昨夜——规划

“一日之计在于昨夜”是一个销售冠军非常高明而且高效的销售时间管理法则，看似简单，实则蕴含深刻的销售与营销哲理。

“凡事预则立，不预则废”。成交一单销售业务，只有经过谨慎思考和严密计划之后，执行起来才会迅速到位，恰到好处。

销售市场竞争就犹如沙场战斗一样，在“昨夜”多花些时间做足准备工作，远比在“今日”狼狈战败、仓皇撤退好得多！

很多销售人员认为“一日之计在于晨”，习惯在早上做计划。但是早上是头脑最清醒的时候，如果在早晨定计划，不仅浪费了宝贵时光，还会因为时间紧迫而产生延误和耽搁。一旦发生突发的紧急事件，就会把自己搞得焦头烂额、手忙脚乱。如果在前一天的晚上就把第二天要做的事情列一张详细的清单，安排好优先顺序，设定出完成期限，第二天只要按照销售清单执行计划，各项工作就会有条不紊。哪怕有紧急状况发生，也可以利用计划中事先安排好的弹性时间来处理。

曾经听过这样几句话：“相对明天，昨夜便是今晚；相对老年，昨夜便是青年；相对人生，昨夜便是生前——提前规划，事先运筹，人生就能少些遗憾与伤感。”是的。一日之计在于昨夜，一年之计在于岁末。只有提前，方可大大提高工作效率，为销售冠军之路打下基础。

7. 顶级销售冠军团队秘诀之七：八小时之内求生存，八小时之外求发展，赢在别人休息时

“八小时之内求生存，八小时之外求发展”不仅是一种销售时间管理方法，也是一种销售人生态度，更是一种销售冠军成功哲学和销售冠军成交智慧！

一般说来“八小时之内”就是指正常上班时间，“求生存”即通过这八小时的奋斗来换取衣食住行等生存必备的备件；“八小时之外”就是工作之外的业余时间，“求发展”即可以利用这些业余时间来提升自身的销售能力，拓宽销售发展空间。

在求生存的八个小时里，为了在这个竞争激烈的社会中求得一席之地，大家都在努力打拼。发展永远是建立在生存的基础之上的，“八小时之内求生存”是对每个人最基本的要求。八小时之内的每分每秒都意味着生存机遇的捕获与错过、物质财富的创造或流失，如果不能在八小时之内求得生存，那么生存的压力自然就要延伸到八小时之外了。这样的人生未免太过疲惫。

“八小时之外求发展”，人与人之间的差距绝对大部分取决于八小时以外做了什么事情，以及这些事情是否有助于自身成长和发展。

八小时之内决定现在，八小时之外决定未来。成功不是一蹴而就的，成功人士之所以能取得成就，就是因为他们赢在别人休息时。

鲁迅先生也曾说过：“哪里有天才，我是把别人喝咖啡的工夫都用在工作上了。”人生就是一场赛跑，当你停下来休息的时候，不要忘记别人还在奔跑。

8. 顶级销售冠军团队秘诀之八：因为优秀，所以难以卓越

许多销售团队因为优秀，所以难以卓越。

著名的管理专家吉姆·柯林斯在其畅销书《从优秀到卓越》中写道："优秀是卓越大敌。"优秀的销售冠军团队可以有很多，但卓越的销售冠军团队却少之又少。很多优秀的销售冠军团队发展到一定程度之后，就陷入了骄傲自满、故步自封的"怪圈"和经验主义的"迷局"。正是因为这样，这些销售冠军团队没有能够完成从优秀到卓越的飞跃。

人最大的敌人就是自己。华为公司有一句经典语录："许多企业因为优秀，所以难以卓越。华为最大的敌人就是自己，只有不断地超越自我，才能实现从优秀到卓越的远大目标。"优秀的人是具有超凡能力的人，而卓越的人则是永远觉得自己不够优秀的人。

在22年的足球生涯中，世界球王贝利参加过1364场比赛，射进1282球，并创造了一场比赛中射进8个球的纪录。贝利是至今世界上唯一一位夺得过三届世界杯冠军的球员，是现代足球运动中最出类拔萃的人物。

贝利如此功勋卓著，成就非凡，他本人却显得非常平和。当他创造个人生涯第1000个进球时，有记者问他"您哪个球踢得最好？"贝利意味深长地笑了。他的回答同他的球技一样精彩——他说"下一个。"

优秀是一种品质，而卓越是一种境界。优秀是卓越的基础。要想卓越，必须优秀！卓越虽然要有优秀的积累，但又不是优秀的简单相加。从优秀到卓越不但是量的变化，更是质的飞跃。而要完成这个飞跃，就必须经过一个不断学习、提升的过程。

9. 顶级销售冠军团队秘诀之九：销售冠军目标是写在钢板上的；目标不是用来达成的，而且是用来超越的；要敢定目标，坚决超越

关于目标，历来有很多警句格言，这里只提出三个层面：目标是写在钢板上的；目标不是用来达成的，而且是用来超越的；要敢定目标，坚决超越。如果能够做到这三点，那么目标就会最大限度地发挥作用。

把一个放大镜置于阳光下，焦点对准一张纸，保持不动，纸一会就燃烧起来；如果焦点不能对准，游移不定，那么纸永远燃烧不起来，目标就是焦点。只有对准目标，坚持到底，才能实现最终目的。否则，朝三暮

四、朝秦暮楚，更改目标成为习惯，最终会让我们一事无成。

有一个春秋时候的故事：楚王拜养由基（百步穿杨的射箭高手）为师，练习射箭。几天之后，楚王想要显示一下自己的本领，于是和养由基一起去打猎。

到了野外，仆人们把野鸭从芦苇丛中赶出来。楚王搭箭欲射，突然旁边跳出一只黄羊。楚王觉得也许黄羊更容易射，于是立刻瞄准黄羊，正在瞄准之时，他余光忽然瞥见一只梅花鹿，于是心想："梅花鹿个头比黄羊大，也许射梅花鹿更划算。"正在犹豫之际，眼前飞过一只老鹰，楚王暗想："射老鹰才能显示出我的本领。"于是，他开始瞄准老鹰。然而未及弓拉开，老鹰已经飞远了，环顾四周，野鸭、黄羊、梅花鹿也已不知去向。楚王什么也没有射到。养由基对垂头丧气的楚王说："要想射得准，就不能三心二意，必须要有专一的目标。我可以射中百步之外的杨树叶，是因为我把全部注意力都集中在要射的那片杨树叶上，所以百发百中；如果我不能瞄准一片杨树叶，10片都想射，就不能保证会射中了。"

目标不是用来达成的。在战场的战争中，目标是用来消灭的；在市场的竞争中，目标则是用来超越的。因为只抱着完成目标的想法，目标往往很难达成。目标是"死"的，是固定的，因此，达成目标也是"死"的，只有超越才是无限的。

超越目标才能变得更强，因此，目标不应该是最终的，不断超越目标才应该是我们毕生的追求！

要实现目标超越，就要敢于定目标，敢于超越目标。在这里，勇气和信心缺一不可。

目标是行动的开始。目标要建立在对未来的憧憬之上，而不是建立在现实的可能性上。因为，根据现有能力确定目标，这个目标十有八九不会是大目标。若没有远大目标的牵引，人的潜能就没发挥的空间。正如高尔基所言："目标越高远，人的进步越大。"只有用以终为始的远见来制订目标，我们才能最终走上成功之路。

在这个世界上，任何一个行业，冠军永远都只有一个。很多人想都不敢去想，还有很多人想了，但不敢去做。有太多的人因为胆怯和怀疑，而停止了探索和前进的脚步。要想打造一支不被战胜的冠军团队，就必须敢想、敢做、敢超越——敢定目标，坚决超越！

10. 销售冠军团队将帅精英测评表（学习表）

销售DNA测评	美国一家研究机构的研究结果表明，一些关键性格特质会直接影响销售人员的风格及最终业绩的正常发挥。以下是销售精英人员的21种特质与风格，请大家自我测试		
序号	测评项目	是	否
01	我已经写下了销售目标计划书		
02	我拥有良好的自律能力		
03	我属于自我激励型的人		
04	我希望收获更多的销售知识		
05	我希望建立良好的客户关系		
06	我有自信、快速、果断的工作心态		
07	我喜欢我自己、产品、品牌、公司		
08	我关爱他人、同事、公司		
09	我喜欢挑战自己、挑战目标		
10	我渴望胜利		
11	我能以积极的心态接受拒绝		
12	我能够处理细节问题		
13	我为人忠诚，可依据事实办事		
14	我充满热情与一流的执行力		
15	我遵纪守法，做事负责、认真		
16	我善于倾听并接受他人的不同意见		
17	我具有良好的感知力与悟性		

续表

序号	测评项目	是	否
18	我擅于沟通、交流、主动请教		
19	我工作努力、爱学习、上进		
20	我希望经济上无忧无虑		
21	我坚持不懈、不断超越自己		
说明	1. 如测评有15个“是”，这说明你已经具备优秀销售精英的特质； 2. 如测评在10～14个“是”之间，这说明你通过努力成为销售精英可能性较大（如在知识、热情、自信、感知力、自我激励与坚持方面打“是”，说明你成为销售精英的成功率将更高）； 3. 如测评有10个以下“是”，说明你必须强化自己，学习产品知识、销售知识、营销知识、客户服务知识、销售话术、良好心态培养与自我调整。 “销售是世界上最伟大的职业，让你人生更加辉煌”。		

销售冠军读后感悟		
序号	**读后感悟**	**智者之心声**
01	您的高看法	
02	您的新想法	
03	您的好建议	
您智慧的发现		

第四招　营销总裁影响力，塑造品牌强销售

西汉时期，刘邦当皇帝后在都城洛阳南宫摆酒宴，招待文武百官。他问百官他与项羽的区别，百官纷纷夸赞他大仁大义。刘邦说自己运筹帷幄不如张良，安抚百姓不如萧何，率军打仗不如韩信，但他能合理地使用他们三位俊杰，所以能得天下。

诸葛亮事必躬亲，管太多琐事小事，“军中罚二十以上必亲览”，没有做到善于取舍，没有处理好军中小事的“小节”与建立国家的“大事”的关系，最终劳累过度，“出师未捷身先死”。

从以上案例可知：营销总裁更多的是要思考市场战略、布局以及用人、激励机制，如何调动团队积极性，而不是天天纠结一些琐事，失去工作的重心和方向。

1. 营销总裁职责

○ 规划企业销售系统的整体运营、销售业务方向，领导销售冠军团队建设与管控、训练。

○ 制订品牌营销与销售市场产品的销售战略规划和市场布局。

○ 塑造企业品牌、产品市场形象，让品牌引爆产品销售与渠道布局营销。

○ 制订和贯彻企业的品牌、产品策略及营销政策，对公司产品的销售价格浮动提出建议。

○ 负责搜集市场行业与竞争对手品牌、产品销售信息与市场预测分析大数据，进行深入的营销市场分析，提供销售市场运作的方向性与实操性、可行性方案。

○ 依据公司整体销售战略，组织制订营销战略规划，组织全国市场销售推广与落地。

〇 依据公司整体销售目标，提交销售计划方案，监督实施销售全过程，完成销售目标任务。

〇 对市场营销的总体费用进行预算与控制，降低成本，提升销售业绩，打造尖叫品牌与产品。

〇 建立健全各项营销与销售规章制度，推动公司销售系统管理的规范化、科学化，不断进步。

〇 对下属销售冠军团队人员进销讲售业绩考核，训练销售团队销售成交能力。

〇 专业培训市场营销人员，建设和管理高素质的营销冠军团队，指导其完成公司销售计划、市场营销任务。

〇 组织对公司客户的售后服务，与技术部联络以取得必要的技术支持。

〇 对重要部门进行公关并对公关项目进行整体管理。

〇 负责协调涉及市场销售促销活动的各种关系。

〇 组织公司品牌、产品和竞争对手产品在市场上月度、季度、年度销售情况的调查与分析。

〇 关注整个市场经济形势、国家经济情况、金融政策调整以及行业发展动态。

〇 综合客户的反馈意见，撰写市场调查报告，提交公司营销总裁。

〇 加强品牌及产品全国代理商、经销商、终端商培育与管控，帮助他们建立强大的团队，建设销售渠道、建设招商促销系统，协助开发新渠道、新客户、新市场、固定老市场，增加市场销售月度、季度、年度销售业绩。

〇 布局品牌及产品市场营销与销售未来3年、5年、10年的销售发展战略规划。

〇 布局销售冠军团队培训、实战、线上、线下、移动互联网、O2O、分享、品牌等全面建设与运营。

2. 顶级营销总裁胜任力

<table>
<tr><th colspan="2">营销总裁胜任力</th><th colspan="2">营销总裁</th><th colspan="4">所属部门</th><th colspan="3">集团营销中心</th></tr>
<tr><td rowspan="3">胜任力</td><td>直接上级</td><td colspan="9">董事长、董事局主席</td></tr>
<tr><td>直接下级</td><td colspan="9">营销中心事业部</td></tr>
<tr><td>职级</td><td></td><td>管理人数</td><td colspan="2"></td><td colspan="2">薪金标准</td><td colspan="3"></td></tr>
<tr><td colspan="2">职位概要</td><td colspan="9">规划并推进市场营销战略与策略，实现公司各项年度经营指标</td></tr>
<tr><th colspan="2" rowspan="2">岗位职责
（按重要性排序）</th><th colspan="2" rowspan="2">职责细化</th><th colspan="6">频度（划✓）</th><th rowspan="2">占用时间/%</th></tr>
<tr><th>每日</th><th>每周</th><th>每月</th><th>每季</th><th>每半年</th><th>每年</th></tr>
<tr><td colspan="2" rowspan="5">1. 协助董事长制订总体的市场营销发展战略目标并组织分解落实相应的销售目标策略和具体营销实施方案</td><td colspan="2">（1）规划公司销售系统的整体运营、营销业务方向，领导销售团队建设</td><td></td><td></td><td></td><td></td><td></td><td></td><td rowspan="5"></td></tr>
<tr><td colspan="2">（2）制订市场的品牌营销与销售目标经营前景规划和市场设计工作</td><td></td><td></td><td></td><td></td><td></td><td></td></tr>
<tr><td colspan="2">（3）塑造企业品牌良好形象</td><td></td><td></td><td></td><td></td><td></td><td></td></tr>
<tr><td colspan="2">（4）制订和贯彻企业的产品策略及政策，对公司产品的价格浮动提出建议</td><td></td><td></td><td></td><td></td><td></td><td></td></tr>
<tr><td colspan="2">（5）负责搜集市场竞争品牌资料，进行深入的市场分析，提供市场运作的方向性建议</td><td></td><td></td><td></td><td></td><td></td><td></td></tr>
</table>

续表

岗位职责（按重要性排序）	职责细化	频度（划✓）						占用时间/%
		每日	每周	每月	每季	每半年	每年	
2. 全面负责公司营销市场拓展业务，参与公司营销战略发展等重大问题的决策	（1）依据公司整体战略，组织制订营销战略规划，组织全国市场销售推广工作							
	（2）依据公司整体销售目标，提交销售计划方案，监督实施销售全过程，完成销售任务							
	（3）对市场营销的总体费用进行控制							
3. 负责制订本部门营销相关的管理制度和办法，并进行管理	（1）建立健全各项规章制度，推动公司销售系统管理的规范化、科学化，不断进步							
	（2）对下属人员进行考核							
	（3）培训市场营销人员，建设和管理高素质的营销团队，指导其完成公司计划、市场营销任务。							

续表

岗位职责（按重要性排序）	职责细化	频度（划✓）						占用时间/%
		每日	每周	每月	每季	每半年	每年	
4. 负责管理客户沟通与联络，巩固、扩大客户范围	（1）组织对公司客户的售后服务，与技术部联络以取得必要的技术支持							
	（2）对重要部门进行公关并对公关项目进行整体管理							
	（3）负责协调涉及市场活动的各种关系							
5. 关注行业市场发展动态，整体经营环境	（1）组织公司产品和竞争对手产品在市场上销售情况的调查							
	（2）关注宏观经济形势、国家经济、金融政策调整以及行业发展动态							
	（3）综合客户的反馈意见，撰写市场调查报告，提交公司管理层							
	（4）制订企业营销与销售月度/季度/年度费用预算计划表报上级批准							

续表

岗位职责（按重要性排序）		职责细化	频度（划✓）						占用时间/%
			每日	每周	每月	每季	每半年	每年	
任职资格	1. 教育	本科以上学历，市场营销或相关专业 8年以上企业营销、市场管理工作经验，3年以上营销主管工作经验							
	2. 工作经验	战略管理、战略市场营销、变革管理、管理能力开发、财务管理等方面的培训							
	3. 培训	战略管理、战略市场营销、变革管理、管理能力开发、财务管理等方面的培训							
	4. 技能/能力	具有较强的组织、计划、控制、协调能力和人交往能力及较高的谈判技巧，能够带领一个团队进行高效市场拓展工作； 具有敏锐的市场感知、把握市场动态和市场方向的能力，对本行业的发展和市场有深刻的理解，十分熟悉本行业业务和各大服务厂商； 有密切的媒体合作关系，具备大型活动的现场管理能力； 熟悉各种商业合同，能够代表公司对外谈判并签订合作合同及协议； 能够独立制订市场开发及推广实施计划，制订并实施市场营销策略及预算，指导市场调查，并根据市场调查报告做出方向性建议并对市场人员进行培训和督导； 具备较强的客户开发能力和客户管理经验； 熟练操作办公软件； 优秀的英语听、说、读、写能力							
	5. 其他	正直、坦诚、成熟、豁达、自信； 具有出色的人际沟通能力，极强的开拓精神和组织能力； 具有良好的团队建设能力，高度的敬业精神； 较强的观察力和应变能力							

续表

<table>
<tr><th colspan="2" rowspan="2">岗位职责
（按重要性排序）</th><th rowspan="2">职责细化</th><th colspan="6">频度（划✓）</th><th rowspan="2">占用时间/%</th></tr>
<tr><th>每日</th><th>每周</th><th>每月</th><th>每季</th><th>每半年</th><th>每年</th></tr>
<tr><td rowspan="3">工作条件</td><td>工作时间特征</td><td>一般工作时间</td><td colspan="7">固定□　偶尔变动□　经常变动□</td></tr>
<tr><td>工作环境</td><td>主要工作时间</td><td colspan="7">白天□　晚上□　不确定□</td></tr>
<tr><td>危险性</td><td colspan="8">办公室，舒适</td></tr>
<tr><td rowspan="3">岗位关系</td><td>可分享晋升职位</td><td colspan="8">总经理</td></tr>
<tr><td>可相互轮换职位</td><td colspan="8">总经理助理</td></tr>
<tr><td>可晋升至此职位</td><td colspan="8">营销经理</td></tr>
</table>

<table>
<tr><th colspan="3">销售冠军读后感悟</th></tr>
<tr><th>序号</th><th>读后感悟</th><th>智者之心声</th></tr>
<tr><td>01</td><td>您的高看法</td><td></td></tr>
<tr><td>02</td><td>您的新想法</td><td></td></tr>
<tr><td>03</td><td>您的好建议</td><td></td></tr>
<tr><td colspan="2">您智慧的发现</td><td></td></tr>
</table>

第五招　市场开拓勤布局，维护渠道要做到

1. 开拓销售市场，布局营销市场，市场定位是关键环节

市场定位就是根据竞争者现有产品在市场上所处的地位和顾客对产品某些属性的重视程度，塑造出本企业产品与众不同的鲜明的个性或形象，并传递给目标顾客，使该产品在细分市场上占有强有力的竞争位置。

市场定位主要表现在：定在哪些“市场”“场合”？选择哪些消费群体？销售本企业的产品，是在南方市场还是在北方市场？是在沿海市场还是在内地市场？是在城市市场还是在农村市场？是在大城市市场还是在中小城市市场？是在大型商场还是在中小型商店？选择线上销售还是选择线下销售？

要找准市场定位，应了解客户需求的有关信息：你的企业准备满足哪些客户的需要？客户想要什么产品或服务？客户愿意为每个产品或每项服务付多少钱？客户在哪？他们一般在什么时间、什么地点购物？客户多长时间购一次物？客户购买的数量是多少？客户数量在增加吗？为什么客户购买某种特定的产品或服务？客户是否在寻找有特色的产品或服务？

销售冠军市场拓展布局规划表如下：

销售冠军市场销售布局				
市场营销客户拓展布局模式	市场分析与市场规划策略			销售目标/%
销售冠军工作任务	时间	地点	负责人	
进行市场调研（客户、竞争对手）				
完成目标市场细分				
进行市场定位				
进行市场预测与销售区域规划				
选定销售赢利模式与营销商业模式				

续表

销售冠军市场销售布局				
市场营销客户拓展布局模式	市场分析与市场规划策略			销售目标/%
销售冠军工作任务	时间	地点	负责人	
进行竞争品牌消费者分析与				
品牌核心价值销售曲线分析				
制订业绩引爆年度、季度销售计划				

2. “做好渠道销售”的标准

渠道销售的三大基准点如下。

（1）销售目标完成率：完成100%销售目标就是好？不一定。也许你竞争对手的市场份额扩大了，而你萎缩了，那只能说明公司给你定的目标低了。

（2）全国平均完成率：超过全国平均线就是好吗？不一定，因为你所在的区域可能在你接手的时候就比全国平均完成率高20%，你只超平均完成率10%就是一种倒退。

（3）市场份额扩大：市场份额扩大就是好吗？不一定。也许全国市场份额都提高了10%，你只提高5%，就是做得不好。

完成率超过100%，比全国平均完成率高，且市场份额增长比全国平均值高，比其他竞争对手增长都快，这下算好吧？不一定！也许你的渠道这个月、这个季度做了个超级大单（可能是团购，可能是集团采购），只是数字对了，这个结果不可延续，还不能算好。这样的成绩很难复制！不算好。

3. 一名好“渠道销售”人员的正确理解

○ 100%以上完成公司目标。

○ 高于公司内部平均增长。

○ 市场份额扩大比全国平均及区域竞争对手都高。

○ 是在渠道工作的竞争力建设（渠道架构设计、终端布局、促销活动、竞品渠道挖掘等）扎实执行的情况下！

如果完成以上各项，这个渠道销售人员的渠道销售就做好了。

但这个标准是不绝对的，也许全国都低于80%，你完成99%，全国第一，那你也是好的！一句话：比其他同事好，比竞争对手好，比市场整体增长好，且在可预见的一年内延续优秀销售业绩、有可复制性就是做好了！

4. 渠道销售的关键点

（1）渠道布局：用公司各种资源做出来的成绩不是你个人的功劳。

（2）渠道管理：布局再好，也要管得好，否则一旦秩序乱了，再好的布局也不出业绩。

（3）渠道培养：布局、管理，都是常规武器，渠道培养才是核武器——不好研发，但是威力巨大。自己能帮助渠道成长，这个渠道才是你的铁杆战士，冲锋陷阵无往不利。在你最艰难的时候，你会知道自己一手培养起来的嫡系部队是最有战斗力的。

（4）管好自己的队伍：如果你负责的业务规模够大，下面有员工，那就要教会他们像你一样考虑问题和做事情。

（5）做好市场活动。

5. 如何做好渠道布局

（1）渠道定义：渠道是产品或者服务从厂家到终端消费者过程中的销售合作伙伴。

合作伙伴这个词不光是好听，而且要真心地把渠道作为合作伙伴，从内心深处平等对待。

厂家销售人员甲方思维过重是做不到优秀的，即便优秀也不会卓越，更不会长久。

（2）渠道分类：总代（省代、区代）分销商、经销商、服务商、代理商、终端销售点等。每个公司的叫法不同，但意思是相通的。

第一类，分销商（批发商）：从厂家直接进货，给下级渠道做批发，一般不做零售。总代、省代、区代都属于此类。一般省级是一级代理，区代或者市代属于二级代理。部分扁平区域可能出现多个一级代理商。

第二类，代理商：从厂家进货，以零售为主。零售商中的高级别渠道，可以从厂家直接进货或从一级代理进货，商务政策会较好。零售能力极强，规模较大。有些代理商做零售也做批发，也有只做零售不做批发。

第三类，经销商（零售商）。就是从二级甚至三级（看公司的渠道层级数量）分销商进货，只做零售、不做批发的最后一级销售终端。

第四类，直接模式，由企业直接供货给终端商或自己开直营店销售产品。

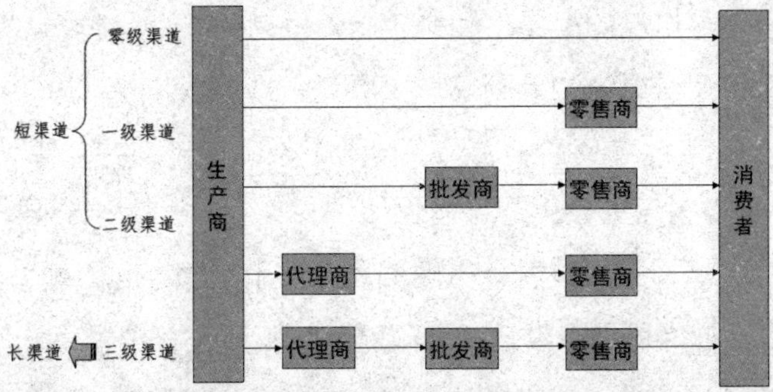

6. 如何具体做好渠道布局

所谓布局，就是知道在什么样的地方，什么样的时间节点，布什么样的局。

你都没有看清楚整个营销与销售战场，不清楚哪些地方是优势市场——需要巩固防守，哪些地方是势均市场——需要拼杀，哪些地方是劣势市场——需要大力破局开拓，哪些地方是空白市场——需要尽早抢占，那还谈什么布局！

7. 销售渠道布局市场与防守策略

去和你的竞争对手聊天，去和你的竞争对手的渠道聊天，去和你的经销商、终端商、消费者聊天，去和类似行业的经销商、终端商、消费者等聊天，去和上下游的产品同行聊天，把这个市场上的所有情况摸个清清楚楚，明明白白！你得到的信息越多，你的决策越准！

否则，你的对手开始用重火力政策挖你的渠道了，你知道吗？

你的对手针对你的主力产品与价格及品牌做针对性促销了，你知道吗？

你的竞争对手开始发力空白区域了，你知道吗？

你的竞争对手提高了给渠道销售与相关业绩及盈利补贴了，你知道吗？

8. 布局8原则

（1）第一强的渠道是自己的渠道，第二强的渠道是自己的渠道，第三强的渠道还是自己的渠道。独家也有对的时候，两家行，三家也行。要看市场容量，要看渠道的毛利率，要看竞争态势。不论几家，都要选最强的渠道销售。

（2）渠道布局三分法。

在弱势区域，强力破局，不破不立。对于意愿不强、能力不够、公司老化、没有斗志的所谓老渠道，该破就破！不要畏首畏尾。

在优势区域要做好防守。注意备胎的储备，这时候对手的很多渠道可能都排着队呢。

在空白市场快速抢占，天下武功唯快不破！3级市场做了，4～6级市场呢。大批发市场做了，小批发市场呢？街边店做了，商场店呢？

（3）渠道布局时间点选择：永远要考虑现在和未来。

分析未来三个月和半年，甚至一年以后的竞争态势。提前考虑业绩支撑风险，提前规划。不看未来，只为了这个季度业绩做渠道布局的做法，都是给自己或继任者挖坑。

（4）老渠道不论做得再差，也要考虑当年他们帮企业开疆拓土时的功绩。要破局，要调整，也要照顾他们的面子。

当你预计这个渠道的销售业绩可能会因为内外部原因不能满足公司要求的时候，提前沟通，提前说明你的要求是什么，并且说明为什么有这些要求（也就是提销量要求要说明道理，比如类似区域销量、去年销量），让渠道认可自己做得不好。自己其实没有完成该做到的业绩。还要帮他一起想办法。他如果努力了没有办到，这段时间你的备胎也找差不多了，这个时候开渠道是合适的，否则会让你的体系里面的渠道，甚至打算进来的新渠道心寒，一句“卸磨杀驴”，你的口碑就坏了！真正考虑合作伙伴的利益！不仅仅是自己的利益！

（5）渠道布局调整要提前和你的上级甚至是上级的上级沟通好。因为这个地方的老渠道可能是领导当年扶持起来的，这可能是他和你们公司领导一起浴血奋战打开的市场！你没有沟通好，对自己非常不利！况且工作计划本身就需要和你的上级汇报。

（6）渠道布局调整决不能因为渠道承诺销量而搁置。

你的前5条都做好了。老渠道说：“你别取消我，你也别开第二家了，你这个月要多少量，我保证做到。”这时候千万要理智，要知道，打鸡血的时候不能把渠道布局做条件，这是根本，不能乱了大原则。

（7）渠道布局不能求大，要最强的。大，不一定就好。

当地最大的渠道做十几二十个品牌，在各个厂家间博弈。这种渠道不是一心一意给你做市场。要考虑那些有斗志的小渠道。人家把你的生意当作公司命脉，把大部分资金和最强的人都分配过来，当作未来的希望，当作发家致富的路径。你一定要考虑他们！千万不要低估梦想的力量！这种渠道才是你要找的最强的渠道！

（8）不要因为短期业绩压力就调整渠道。

公司这个季度给你加了50%的任务，你的渠道承载不了，你跑过去跟你的核心渠道说：没办法，公司给的任务，你们要是完不成，我就开第三、第四家了。这种做法就是杀鸡取卵。的确，完成任务是销售人员的天职！但是，不能不择手段。

9. 高效地开发新经销商

（1）要够专业。

你都对行业趋势、区域竞争态势、竞争品牌状况、如何做营销、产品知识等不专业，客户哪敢听你的话投钱投人做新品牌、新业务，包括言谈举止、工作态度等，通过专业获取信任很重要！

（2）要知道你的目标渠道想要什么。

别只说自己想要什么，你想要的和他想要的找到平衡才能谈成生意。一般来说，没有谈不拢的生意，只有谈不拢的价格。关键是这个平衡点是否是你和他都能接受的。

人家要钱：好多渠道销售人员根本不懂这简单的道理！一上去就说："你做我们的产品吧，我们产品多好……"这是经销商想要的吗？

人家要名："咱的投资回报率不一定最好，但能让你有机会成为区域龙头啊！""咱市场规模大，能培养员工，培养队伍。"

人家要布局：经销商的公司也是需要布局的。有可能他的主营产品的上家可能要开渠道了，他也不能守着一棵树吊死，也要留后路啊。

人家要未来：现在不挣钱，不代表未来不挣钱；但是现在不布局，以后可能没您什么事了啊。渠道的领导在风险可控的情况下，会给自己未来布局。

10. 如何做好渠道管理

（1）第一个重点：秩序管理！

所有渠道的布局要有序，不能全面铺开，要先解决重点区域。

同一个区域的渠道要让竞争处在良性范围，恶性竞争短期出量，长期毁市场。不赚钱的业务，不论是再牛的品牌、再牛的产品也不会有渠道愿意做。简单说，就是别让你的渠道杀价杀到大家都不赚钱。

你可以用产品区隔、型号区隔、阶段性交替支持等方式控制你的区域市场良性竞争。当然，合理的目标是管理市场秩序的前提。

市场价格秩序混乱、低价窜货严重，绝大部分是因为目标过高导致的，尤其是总部目标。适当的高目标有利于销量增长，有利于促进渠道进步。但是，一旦盲目压量，后果是致命的，甚至是不可逆的！

市场经济的基本规律是成立的：供大于求，就会积压库存，就会低价销货，就会有串货，就会影响渠道毛利。

（2）第二个重点：目标管理！

第一层：目标分配得合理。

有理有据：分配区域内不同渠道的任务占比，既参考历史数据，也看市场机会。总的逻辑得合理，得能够在大框架上说服别人相信你是相对公平的。这也是建立渠道销售人员公信力的重要方式。

目标要根据实际状况进行调整：常用的是一年调整一次，当然不是一刀切，是可以在此基础上微调的。

鞭打快牛的事情谁都喜欢干，但是少干。否则经销商认为，做得越多，任务越高，有实力也留着不发挥。这个度要把握好。

这里面又涉及：你得充分了解渠道的实际销售能力！了解市场信息是多么重要！

第二层：目标要充分沟通。

渠道管理不是传话筒：不能打个电话就说："刘总，这个季度目标是100万。"他问为什么？你说是领导分的。若是如此，仅一个助理就可以全部搞定，就不需要你们的存在！

要充分沟通渠道商的状况：沟通渠道目前的库存，周转天数，目前市场机会，上个月乃至上个季度的真实销售情况，从而分析这个目标的达成是否可以实现以及合理性。如果达成有哪些收益，如果低于目标可能会有什么风险？

与渠道商一起确认达成办法：通过了解渠道的状况，然后明确问题和风险在哪里，有什么办法解决，然后一起想办法解决。

渠道不认可目标的情况下，目标就是你自己Excel上的数字而已，没有任何意义。

第三层：销售目标要跟进。

定了目标要每个月、每个周，甚至每天跟进进度：你的电脑是用来分析销售数据的！是用来看销售趋势的！是用来提醒你哪里可能有完成风险的！你沟通好了目标，没有随时跟进，怎么知道哪个区域、哪个渠道、哪个月有风险，数据会说话。

发现问题，及时应对：当你发现一个连续多个季度同比增长保持在30%以上的渠道突然没有增长的时候，你该出差去看看究竟哪里出了问题？是市场？是公司内部人员？是资金？还是已经做了竞品了？

随时看目标进度，随时分析数据，随时沟通了解问题。

你了解得越多，你的判断越准确。

（3）第三个重点：渠道销售助长管理！

你的渠道店面的展陈是不是最好的，能否改进？

和旁边的竞争对手相比，他们哪里比我们做得好，我们怎么改进？

你出差的时候有没有其他区域优秀渠道的案例供参考？

你能给渠道的店长讲一下如何才能通过店面产品的陈列调整，在满足公司布置要求的情况下帮助渠道清理积压库存吗？

库存周转多少天是安全的？你的渠道现在库存周转安全吗？资金周转率够快吗？有什么解决办法？

产品未来是涨价还是降价？是该大量接货还是该薄利赶紧跑货？

销售员的销售能力如何提升？如何让销售员会卖高毛利产品？如何让销售员学会卖附属产品增加利润？

只知道定目标，只知道开渠道，只知道压货，不知道怎么帮渠道销售，不知道怎么帮渠道赚钱，销售人员怎么可能被信任，怎么可能让渠道成长？

要真心地帮助渠道成长！不然渠道怎能用心帮你做量？渠道销售人员要是专家，要懂行业专业知识，要懂产品知识，要会培训，要懂财务知识，要知道管理知识，最重要的是用心做！

（4）第四个重点：渠道强弱管理！

要平衡：这世界很多事情没有绝对，都是平衡。

新渠道要扶持，老渠道要刺激；三分天下要稳定；群雄割据要秩序：

管理好渠道的强弱。如果有一家渠道越来越强，强到这地方以他一家为最大。你要评估的是这个合作伙伴是不是能撑起我这个区域的目标？撑起来会不会跟我叫板？会不会提过分要求？如果可控，那就很好，如果不可控，赶紧准备制衡方式。

不论你多么考虑渠道的利益，永远要记住：渠道和厂家的利益是对立统一的。不能统一的时候，以公司的利益为准！关系再好的合作伙伴，也不能凌驾在公司利益之上！

渠道培养：不是解决一时的问题，而是帮助渠道发展壮大！你要告诉你的渠道如何做团队架构，如何做员工考核，如何规划未来的发展路径。你不懂？那你问你的领导，问你领导的领导，问你的区域的和其他区域的牛人怎么管理。你去学习，然后把你的建议给到你的渠道，帮助他成长。

通过你的帮助培养起来的渠道，会真心地感谢你。你不仅让他挣钱，还能帮助他发展。在你有困难的时候，渠道会在能力范围内尽可能帮你。

渠道销售最常说的6个字：威逼，利诱，交情。

你培养起来的渠道是你的核武器，他们的成长就是你业绩成长的爆发点。

11. 如何管好自己的队伍

再好的自己也只能是单兵英雄。如果你的销售规模够大，即便是一线渠道代表也可能下面有团队，要学会带他们。

“以身作则不是教导别人的重要方法，而是唯一方法”！

当然，学会用人的长处，学会激励自己的团队，学会让团队看到未来，看到希望，甚至画饼都是你要学习的。

你干不完所有的事情，出色的销售人员一定是能帮助别人的人，然后让他人帮助你。

不仅是你的下属，你的分销商的人员也要培养，他们虽不是厂家的人，但是你最强有力的帮手。他们为什么要帮你？因为跟着你做业绩好，奖金多，有成长，有进步。

管理团队和管理经销商是一样的，是相通的。要做目标管理，要做培训，要做规范和原则管理，要教原则，要教方法，要教态度。

销售冠军成交智慧

○做好渠道布局有三点：竞争分析看清市场，8个布局原则，高效开发经销商。

○管理好渠道：主要是市场秩序管理、目标管理、销售助长管理和渠道强弱管理。

○渠道培养：教渠道做好公司管理，帮渠道做大做强。

○管理自己的队伍：以身作则，帮自己的团队成员、合作伙伴一起成长。

销售冠军读后感悟		
序号	读后感悟	智者之心声
01	您的高看法	
02	您的新想法	
03	您的好建议	
您智慧的发现		

《第八章》

互联思维新营销，销售模式爆业绩

第一招　十大互联网思维，引爆业绩新营销

今天，一个新产品的上市，可能是一个消费者偶然通过微信了解到这个产品的信息，看到该产品的功能、款式、品质和价格不错，然后在某个娱乐视频中看到某名人使用这个产品，于是产生兴趣，上网搜索专家对该产品如何点评，媒体怎么报道，再回到微信看看大家的评价信息，于是就有了购买的理由与冲动，此时恰好又看到某个热播视频中对这个产品的插播或者植入。

互联网改变了：市场范围的无限化、信息传播的敏捷化、支付手段的多样化、市场调查的网络化、售后服务的网络化。

互联网已经带来：独特的消费体验、以客户为导向的管理模式、新型产品流通模式、组织边界的模糊化、组织文化的创新多元、人力资本为基础的组织设计。

互联网时代市场营销应：以市场为导向，以用户为中心，以数据为基础。

“内功”产品改进，“外功”品牌营销。

互联网时代价值漂移图如下：

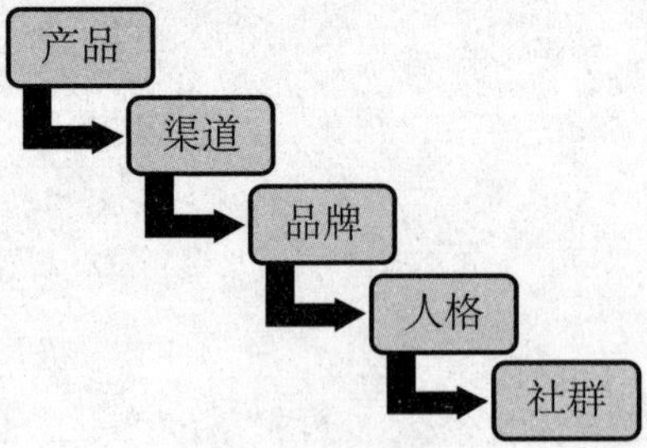

1. 销售冠军成交要用用户的思维模式去销售品牌、产品

（1）用户的思维模式是销售冠军核心思维，用户思维就是站在客户

的一边积极思考，如何让客户变得更加舒服，成为品牌、产品最忠诚的客户，因此它是互联网思维的核心力量。其他相关思维都是围绕用户这一思维在不同层面展开营销模式与销售活动的。

用户思维，是指销售人员在营销与销售价值链各个环节中都要“以顾客为中心”去考虑营销问题，更好地引爆销售业绩，成为销售冠军。

用户思维护就是得“屌丝”者得天下，这是一个人人自称为“屌丝”而骨子里认为自己是“高富帅”和“白富美”的神奇时代。当你的产品不能让用户成为产品的一部分时，不能和他们连接在一起，你的产品必然是失败的，没有竞争优势。

（2）销售冠军其核心：兜售参与感，让用户参与产品与优化，让粉丝投票，粉丝决定了最终的潮流趋势，自然也会为这些产品买单。

品牌需要的是粉丝，而不只是用户，因为用户远没有粉丝那么忠诚。2013年12月27日，互联网知识型社群“逻辑思维”成功进行了第二次社群招募，号称“史上最无理的会员召集”，唯一通道是微信支付，一天之内轻松募集800万。

请问：到底卖了什么？是视频？是图书？还是……

用户体验至上，好的用户体验应该从细节开始，并贯穿每一个细节，能够让用户有所感知，并且这种感知要超出用户预期，给用户带来惊喜，贯穿品牌与消费者沟通的整个链条。

2. 销售冠军成交要用“简约的思维”模式营销与销售品牌、产品

市场营销中，在新产品规划和销售品牌定位之中，要力求专注和简单有效，而对于产品设计规划，则力求简洁和简约而有价值。简约，意味着人性化，实用化，消费化。互联网时代，信息爆炸，消费者的选择太多，选择时间太短，用户的耐心越来越不足，而转移成本又太低。线下，从一家门店出来再进入下一家；线上，只需要点击一下鼠标，转移成本几乎为零。所以，销售人员必须能够在短时间内抓住用户！

疯狂的简洁：看起来简洁，用起来简化，说起来简单。

简约背后的核心是技术和模式，简约不失简单。整体和谐，无突兀感；特征和风格明显；功能简练但紧密联系。

销售冠军要专注。专注，少即是多的销售模式：大道至简，越简单的东西越容易传播，越难做。专注才有力量，才能做到极致。尤其在创业时期，做不到专注，就不可能生存下去。

产品线的规划，要专注。苹果公司就是典型的例子，1997年苹果几乎破产，乔布斯回归，砍掉了70%的产品线，这使得苹果公司扭亏为盈。专注是指为了做成一件事，必须在一定时期集中力量实现突破。

品牌定位也要专注，给消费者一个选择你的理由，一个就足够。最近很火的一个网络鲜花品牌RoseOnly，它的品牌定位是高端人群的“爱情唯一”，在这个网站的买花者需要与收花者身份证号绑定，且每人只能绑定一次，意味着“一生只爱一人”，这样的定位也就意味着放弃了团购、B2B等其他机会。

例如：雕爷牛腩只有12道菜品，但“无一物无来历，无一处无典故”。

业务规划：专注才有力量。选择不做什么比选择做什么更重要，效率与速度决定一切，用最短的时间抓住关键点，并持续专注这个关键点。

品牌定位：用户喜欢你只需要一个理由。用户只能接受有限的信息；喜欢简单，讨厌复杂；缺乏安全感，喜欢从众；唯有明确定位，才能形成稳定的用户群。

产品设计要做减法。大部分新功能是可以砍掉的，做多源于不自信；不过度设计，对主干精雕细琢，对枝叶不做深；只抓主场景，不做全功能；宁愿损失功能也不损失体验。

极简，方能不被超越，简约不失简单，简约背后是终极的复杂，将复杂的解决方案隐藏在简约的界面背后，让用户在无感中体验使用的快感。

3. 销售冠军成交要用“极致的思维”模式来进销讲售定位

极致就是把产品和服务做到最好，超越用户预期。只有极限思维，才有极致产品，打造让用户尖叫的产品，服务即营销。

互联网时代的竞争，只有第一，没有第二，只有做到极致，才能够真正赢得用户，赢得人心。好产品会说话，是能够自传播起来的，“一切产业皆媒体，人人都是自媒体”。在这个社会化媒体时代，好产品自然会形成口碑传播。追究极致讲究单点突破，要和专注结合起来。

打造让用户尖叫的产品，要找准要求。

○痛点：用户需求必须是刚需，是用户急需解决的问题。

○痒点：工作和生活中有别扭之处，即乏力又欲罢不能，这就是痒点。

○兴奋点：给用户带来“wow”效应的刺激，产生兴奋点。

用极限思维打造极致的产品，方法论有三条：

第一，“需求要抓得准”（痛点、痒点或兴奋点）。强需求胜过一个好产品，一定要想清楚自己解决的问题是否为刚需。目前最大的刚需市场是教育和医疗。

第二，“自己要逼得狠”（做到自己能力的极限）。“极致就是把自己逼疯，把别人逼死”。

第三，“管理要盯得紧”（得产品经理得天下）。CEO首先是产品经理。

用户没想到的事比用户能想到的事更有意义，更能让用户尖叫。

服务即营销，极致就是超越预期，极致体现在与用户互动的各个环节之中，用极致的服务，用超越用户预期的服务打动用户，通过极致服务形成口碑，传播营销。

极致的服务需要进入并了解用户的内心世界，需要彼此可以感同身受。

除了产品本身，服务及产品周边的体验，也同等重要，在服务环节，也要做到极致。

4. 销售冠军成交要用“迭代思维”模式来进行业绩引爆

迭代思维体现在两个层面，一个是“微”，小处着眼，微创新；一个是“快”，天下武功，唯快不破。传统企业需要一种迭代意识，即时甚至实时地把握用户需求。

“敏捷开发”是互联网产品开发的典型方法论，是一种以人为核心、迭代、循序渐进的开发方法，允许有所不足，不断试错，在持续迭代中完善产品。

从敏捷开发到精益创业，从最简化可实行产品出发。

迭代不仅是产品开发模式，更是思维方式，传统企业更需要。

你的产品可以不完美，但只要能把一个问题解决好，有时候就是“四两拨千斤”，这种单点突破就叫“微创新”。

众多的微创新可以引起质变，形成变革式的创新。

“微”，要从细微的用户需求入手，贴近用户心理，在用户参与和反馈中逐步改进。可能你觉得是一个不起眼的点，但用户可能觉得很重要。

如何微创新？以用户思维为前提，抛弃专家思维，用普通用户的眼光看产品；从细微的需求出发，把有限的精力用在用户的关键行为上；做“最小可行性产品”，先做你能做的。

对互联网时代而言，速度比质量更重要，客户需求快速变化，因此，不追求一次性满足客户的需求，而是通过一次次的迭代让产品的功能更加丰满。

5. 销售冠军成交要用“流量思维”模式引爆销售业绩

流量意味着体量，体量意味着分量。免费往往是获取流量的首要策略。量变才能引起质变，要坚持到质变的“临界点”。

“目光聚集之处，金钱必将追随”，流量即金钱，流量即入口，流量的价值不必多言。

流量的本质是用户关注度，高的关注度意味着高的知名度，用户消费的时候考虑你的概率就大。更深层面的是培养用户的使用习惯，不是简单的覆盖，要实现真实流量的有效转换和长期运营。

流量是所有商业模式得以改进的基础，先把流量做上去，才有机会考虑后面的问题，否则连生存的机会都没有。

免费往往成了获取流量的首要策略，互联网产品大多不向用户直接收费，而是用免费策略极力争取用户、锁定用户。

免费模式主要有两种。第一，基础免费，增值收费，先靠免费做大量用户，再去寻找盈利模式的方法。第二，短期免费，长期收费。“免费是最昂贵的”，不是所有的企业都能选择免费策略，因产品、资源、时机而定。

免费的玩法：在别人收费的地方你免费。

免费是将价值链延长，想办法创造新的价值链来收费，免掉的费用可以视为整个商业模式中的营销成本或制造成本。越是免费的产品，用户选择的成本越低，被抛弃的成本也越低，因此要把用户体验放在第一位，做到极致，甚至比收费的更好。

免费的门槛：规模、优质、资金。

靠服务实现硬件免费或零利润，只有垄断地位的内容和服务提供商可以。

你把产品卖给用户，商业关系才开始建立，你得靠后续的互联网服务赚钱。

任何一个互联网产品，只要用户活跃数量达到一定程度，就会开始产生质变，这种质变往往会给该公司或者产品带来新的“商机”或者“价值”，这是互联网独有的“奇迹”和“魅力”。QQ若没有当年的坚持，也不可能有今天的企业帝国。

6. 销售冠军要用“社会化思维”来引爆销售业绩

社会化思维，是指组织利用社会化工具、社会化媒体和社会化网络，重塑企业和用户的沟通关系，以及组织管理和商业运作模式的思维方式。

社会化商业的核心是网，公司面对的客户以网的形式存在，这将改变企业生产、销售、营销等整个形态。

天猫启动了“旗舰店升级计划”，增加了品牌与消费者沟通的模块。同时，也发布了类似微信的产品“来往”，这也证明了，社会化商业时代已经到来，互联网企业纷纷加速了布局。

7. 销售冠军要用“大数据思维”模式来引爆销售业绩

大数据的价值不在大，而在于挖掘和预测的能力。

大数据思维的核心是理解数据的价值，通过数据处理创造商业价值。

用户在网络上一般会产生信息、行为、关系三个层面的数据，比如用户登录电商平台，会注册邮箱、手机、地址等，这是信息层面的数据；用户在网站上浏览、购买了什么商品，这属于行为层面的数据；用户把这些商品分享给了谁、找谁代付，这些是关系层面的数据。

这些数据的沉淀，有助于企业进行预测和决策。大数据的关键在于数据挖掘，有效的数据挖掘才可能产生高质量的分析预测。海量用户和良好的数据资产将成为未来核心竞争力。一切皆可被数据化，企业必须构建自己的大数据平台，小企业也要有大数据。数据资产成为关键竞争力，乃至核心竞争力。

大数据驱动运营管理，大数据时代，企业战略将从“业务驱动”转向“数据驱动”。

来有价值的公司，一定是数据驱动公司。

精准化营销：你的用户不是一类人，而是每个人。在互联网和大数据时代，客户所产生的庞大数据量使营销人员能够深入了解“每一个人”，而不是“目标人群”。

8. 销售冠军成交用“平台思维”模式来引爆销售业绩

平台是互联网时代的驱动力。

未来商业竞争不再只是企业与企业之间的肉搏，而是平台与平台之间的竞争，甚至是生态圈与生态圈之间的战争，单一的平台是不具备系统性竞争力的。

平台模式的精髓在于打造一个多主体共赢互利的生态圈。BAT（百度、阿里、腾讯）三大互联网巨头围绕搜索、电商、社交各自构筑了强大的产业生态，所以后来者如360其实是很难撼动的。

传统企业慎做平台，借平台之势，善用平台之便，用好微信、电商平台和云技术。

9. 销售冠军成交要用“跨界思维”模式来引爆销售业绩

互联网企业的跨界颠覆，本质是高效率整合低效率。寻找低效点，打破利益分配格局。携“用户”以令诸侯，敢于自我创新、主动跨界。

跨界思维，要敢于超越思维的局限，突破传统模式，寻找到专业与人文、理性与感性、传统与创新的交叉点，重新审视自我，自我颠覆和重塑。

互联网和新科技的发展，实体经济与纯虚拟经济开始融合，很多产业的边界变得模糊，互联网企业的触角已经无孔不入，大量借助互联网和大数据的跨界者纷纷侵占传统领域。

跨界者的三个来源：垂直整合、水平扩张，来自侧翼。最可怕的对手往往是突然闯入的野蛮人，其完全不按你以前的方式生存，改变了行业的商业模式和竞争规则。

你不跨界，别人就会过来“打劫”；你不越界，别人就会让你“出轨”。

未来十年，是中国商业领域大规模打劫的时代，所有大企业的粮仓都可以遭遇打劫！一旦人民的生活方式发生根本性的变化，来不及变革的企业，必定遭遇前所未有的劫数。

10. 销售冠军成交要用“冠军思维”模式来引爆销售业绩

冠军思维，即要么第一，要么唯一。销售人员一定要有坚定的冠军般的思想、态度、观念与行为、作风，只有具备了冠军思维，才能将销售业绩做得更好。

每一个行业都有销售冠军产生，每月、每季、每年都有销售冠军出现。

销售冠军成交智慧：

如何打造一支能征善战、所向披靡、战无不胜、攻无不克的一流顶尖销售冠军团队：要有一流的心态，一流的激情，一流的销售技法，一流的营销模式，一流的责任力，一流的行动力，一流的市场把控力，一流的品牌传播力，一流的服务力，一流的渠道维护力，一流的互联网工具利用力，一流的销讲技术力，一流的市场客户开拓力，一流的业绩引爆力，一流的成本控制力，一流的创新突破力，一流的整合力，一流的跨界力，一流的众筹力，一流的演说力。

销售冠军读后感悟		
序号	**读后感悟**	**智者之心声**
01	您的高看法	
02	您的新想法	
03	您的好建议	
您智慧的发现		

第二招　互联网思维灵活变，短信营销最经典

销售冠军短信营销也是用好互联网思维关键性的一步，是建立人际沟通关系的第一步，也是销售成交快速反应的第一步，同时也是低成本营销与销售的核心销售力量。

例如：开发一个新品牌家具销售项目，进行短信营销与销售执行。

第一步，体验营销与客户先建立关系（问候语）。

我们首先在区域市场或重点市场线上线下收集2016年下半年及2017年上半年优质的新开楼盘的业主电话信息，进行客户电话拓展。发送第一轮短信，主要以问候语为主导。

第二步，感性营销，让客户首先产生兴趣（经典笑话、经典短故事、经典励志故事、养生常识、家具维护保养知识和装修小知识等）。

每隔1～2天发送经典笑话、经典短故事、经典励志故事、养生常识、家具维护保养知识和装修小知识等；发送短信时间一般在早上9点、中午12点、下午6点及晚上9点左右发送。

第三步，短信营销核心竞争力——让客户爱上你（坚持）。

坚持在营销活动期间最好两天发送一次，让客户始终知道你的品牌、产品的存在。

第四步，销售冠军王者风范——有效成交法（优惠告知客户，邀请客户进店体验）。

营销优惠活动内容为王，营销软文编写很重要。给客户带来的好处是什么？用框式营销法设计软文内容提要与主要营销思想观念；在每周周五下午4点左右发送活动优惠预告信息，邀客户进店进行互动体验感观消费。

参考短信模板如下。

1. 营销问候类、维护客户关系类销售短信

（1）××先生/女士，早上好，天气多变，真情不变！××品牌产品

提醒您注意保暖！××品牌产品与您相伴每一天，快乐每一天，幸福每一天！——×××品牌产品　王军　电话：1889×××8888

（2）××先生/女士，早上好，今天又是美好的一天的开始，加油哦！××品牌产品传递正能量！享受“××品牌产品生活”每一天！——×××公司 品牌产品　李林　电话：1808888××88

（3）××先生/女士，早上好，因为每天的坚持，让我们如此熟悉，感谢您的支持，让我的工作变得更有价值！××品牌产品让您享受“××品牌品质生活”每一天！——×××公司 品牌产品　李林　电话：1808888××88

（4）感谢与您的每一次交流与沟通，××品牌产品诚邀您一起享受高品质家居生活，因为有您，我的工作才更有价值！××品牌产品，天天见！——×××公司 品牌产品　李林　电话：1808888××88

（5）学会走走停停，吹吹风，冲冲浪，心灵在放松中得到生活的满足！××品牌产品是您舒适生活的开始！——×××公司 品牌产品　李林　电话：1808888××88

2. 对进店客户、意向客户销售短信

（1）销售未成交客户。

××先生/女士，您好！我是××品牌产品××，刚刚接待过您，非常荣幸能为您服务。××品牌产品专注于时尚整体家具空间设计，为您提供舒适、便捷、智能、环保、健康的家具新生活！期待您的再次光临！——×××公司 品牌产品　李林　电话：1808888××88

尊敬的××您好，我是××品牌产品××，不知这几天您是否选购到了心仪的家具品牌产品，我清楚地记得您是一位注重细节与热爱生活的有心人，特向您提供选购家具的4大特点：一看品牌产品品质优劣，二看品牌实力与信誉，三看售后服务水平，四看款式设计体验感。××品牌产品是您的专属家具空间搭配随身顾问，随时欢迎您到×××品牌产品家具专卖店咨询与选购，我们一定竭诚给您最好的优质服务。——×××公司 品

牌产品　李林　电话：1808888××88

（2）对货比三家的客户

××先生/女士，您好！我是××品牌产品××，挑选家具是件很大的事，多对比选择合适您的家具是应该的。×××品牌产品是专注于舒适、便捷、高雅、智能、环保、健康的时尚整体家具，让您享受“××品牌优质生活”精彩每一天！期待您的再次光临！——×××公司 品牌产品　李林　电话：1808888××88

尊敬的××，非常感谢您在百忙之中光临××品牌产品专卖店，很荣幸能有机会接待您。如您在选购家具上遇到难题请直接与我联系，我非常乐意能够给您提供咨询与现代欧式家具知识讲解。××品牌欢迎您再次光临。——×××公司品牌产品　李林　电话：1808888××88

（3）因价格原因离店的客户

尊敬的××，您好，货比三家才能买到您最喜欢的品牌家具，选择好家具要从服务的便利性、专业性和产品品质上来看，更要看品牌的实力，×××品牌产品专卖店将给您最好的产品和服务，相信您能选择到性价比最高的家具，欢迎您再次光临。——×××公司 品牌产品　李林　电话：1808888××88

（4）已成交客户离店

尊敬的×××，您好！非常感谢您选择×××品牌家具，因为您的选择，×××品牌家具得以快速发展；因为品质和服务，××品牌产品值得信赖，是您一生的选择！我们坚信“只要为客户多想一点，××品牌产品将得到您的更多认可和尊重”。——×××公司 品牌产品　李林　电话：1808888××88

尊敬的××，您好！非常感谢您对××品牌产品的信任，选择××品牌产品，我们将竭诚为您提供最优质的服务，有任何需要可以随时和我联系，再次祝您阖家幸福，万事如意！——×××公司 品牌产品　李林　电话：1808888××88

3. 活动通知短信

（1）××先生/女士，××品牌产品签约样板房，免单送30户，××品牌产品样板房全套超值体验3980元！——×××公司 品牌产品　李林　电话：1808888××88

（2）××先生/女士，××品牌产品30周年零利风暴，免单30户，××品牌产品签约样板房，全套超值体验2880元！——×××公司 品牌产品　李林　电话：1808888××88

短信营销是成本最低、销售最便捷、影响力最大的一种营销传播方式，也是受众人群最广的一种销售模式。

销售冠军读后感悟		
序号	读后感悟	智者之心声
01	您的高看法	
02	您的新想法	
03	您的好建议	
您智慧的发现		

第三招　微信经济快又好，市场销售爆增长

1. 销售冠军采用体验营销、微信营销，首先需要明确目标

○ 我想利用微信分享什么？怎么分享？

○ 我的产品是什么？

○ 我能够帮客户解决哪些问题？

○ 客户会关注什么样的平台？

○ 用什么来吸引客户关注？

○ 通过哪些渠道把客户吸引进来？

○ 希望客户进来看到哪些信息？

○ 用什么方式成交客户？有哪些步骤？

○ 怎么塑造产品价值？如何建立信任？

○ 用什么方式让客户经营他的人脉圈子？

○ 怎么锁住这个客户，让他继续消费？

2. 销售冠军个人微信定位

（1）微信昵称（核心部分）：姓名+行业或姓名+产品。

（2）个性签名（关键部分）：品牌名称+产品名称+活动/广告语+手机号。

（3）个人头像（时尚稳重气质）：真人、工作服、背景墙、正能量。

（4）朋友圈封面设计：品牌、产品图片、广告语、公众号、电话、名言名句。

3. 微信的相册管理技术

（1）企业活动、客户见证、团队及领导照片。

（2）与行业或产品相关的专业知识和图片。

（3）人生哲理或生活感悟和少量私人照片。

（4）负能量的一定不要传。

（5）删掉以前转载的所有乱七八糟的内容。

（6）让人看上去就两个字：专业。

4. 销售冠军朋友圈内容策略

（1）与企业主营产品有关的内容。

（2）解决客户问题的内容。

（3）客户见证的内容、图片、案例、业绩。

（4）不要大量地分享与自己私生活有关的内容。

（5）引导客户转发。

（6）分享内容要做到“图文并茂”，合情合理，精心策划，合理发放。

（7）图片必须与文字内容相符。

（8）分享链接时必须要加上自己的推荐引导语。

5. 微信朋友圈发布技巧

（1）生活化的内容发布。

○ 在朋友圈展现自己生活精致儒雅的一面。

○ 无抱怨和负面情绪的发泄。

○ 少些心灵鸡汤和网络摘抄的没有营养的文章。

○ 多些自己原创的人生感悟文字和图片。

（2）激情化的产品发布。

○ 充满激情、喜气洋溢地介绍自己的产品。

○ 充满激情地发布新品、优惠、活动。

（3）透明化的过程发布。

○ 展示自己的进发货过程。

○ 展示自己与合作伙伴的交流过程。

○ 展示交易成功的图片和客户见证。

○ 展示自己积极服务客户和售后问题的处理。

○ 晒截图、晒打款、晒发货、晒见证、晒留言。

（4）专业化的信息发布。

○ 朋友圈内容发布穿插自己的专业知识和独特见解。

○ 分享有价值的专业新闻。

○ 把自己包装成一个专家。

（5）人性化的发布频率

○ 2~3个小时发布一次。

○ 一次不要超过两条。

○ 不同内容穿插发布（如产品、过程、专业见解）。

○ 一天发布的信息尽量不要超过10条。

○ 使用朋友@提醒功能，通知重要的人要看。

6. 朋友圈如何建立客户关系

○ 逢人必赞：朋友圈点赞快速反应营销法。

○ 回复一针见血的评论。

○ 善用提醒功能@好友进行评论。

○ 转发潜在客户的广告并提醒@他（转发广告24小时后必须删掉）。

○ 利用微活动给好友利益。

○ 使用群发助手给好友传递关心和问候。

7. 群发助手与好友互动

○ 每周最多一条。

○ 一般情况下不要发广告。

○ 传递关心和问候的信息。

○ 传递打招呼的信息。

○ 发送内容不要超过12行。

使用群发助手激活好友：

○ 你现在在哪儿？

○ 你现在在做什么？

○ 你现在睡了吗？

○ 我今天（昨天）好像看见你了。

○ 你来××地了吗？

○ 找你有事儿，在的话快回我。

○ 你现在吃了吗？

○ 好久没有和你聊天了。

○ 知道今天是什么日子吗？

○ Hi。

8. 微信朋友圈新营销的核心销售秘诀

○ 赞美他、转发他、关心他、问候他、销售他！

○ 细活慢功夫，水滴石穿，不要急！做好微信营销，先投入一个月猛干再说！

○ 逢人必赞，先赞了再说（当然，对方发负面信息除外）。脸熟和销售一样重要，信任是一切销售的基础之一。

○ 不要过分依赖软件，软件可以解决部分功夫活，但是有悖使用的公平性，具有一定时效性！

○ 单个微信号最好不要超过4000个好友，如果人数超过4000，立刻再建一个一模一样的微信，一是方便交流，二是微信好友的人数，上限是5000人。

○ 做营销不要分大号小号，一律都是营销号（这条可能有的人不认同，但我是这样干的）。

○ 把重点好友和客户标为星标朋友或置顶，方便查找。

○ 用群发助手，唤醒你的老客户。

○ 没事不要疯狂刷屏，多分享些帮助客户解决问题的信息。

○ 评论你发的消息的人，你一定要记得回复，没事儿和人家聊聊天。

○ 如果没人和你互动时，你也可以假装有人评论你，自己留几条评论。例如，你可以如此回复：感谢大家这么热情的支持，泪流满面啊！这样别人以为真的有很多回复，看见会觉得热闹……

○ 如上一条类似的方法，还可以用来给自己做广告。例如，你发了一个很有意思的产品，希望大家知道如何购买，但点赞人的多，没有一个人询问购买地址，你又不能直接说，你可以统一回复：问我购买方式的人太多了，我统一告诉大家啊……这样既提醒大家购买，又不显得唐突。

○ 朋友圈如果发链接，一定要发短链接，太长的链接影响美观，让人没有点击的欲望。生成短链接的方法就是，把链接放到腾讯微博上发布一次，会自动生成短链接，然后复制过来。

○ 朋友圈转发文章的时候，要增加自己的评论或文章中的观点，这会增加点击率。这样做还有个好处，就是别人在朋友圈转发你的文章时，可以直接复制你的文字描述。

○ 朋友圈的发布时间最好不要固定，太有规律就不够生活化。但是可以固定区间，例如早上7点～9点之间。发的内容也不能太有规律，同一时间发多条朋友圈给人的感觉会很不好！

○ 朋友圈可以先写文字，再配图片，这是常规做法。也可以先发图片，然后统一回复文字，这种做法可以自动提醒很多人看。

○ 如何增加互动？朋友圈发布的文字内容，多留问号，互动自然增加。

○ 删除那些你过去分享的乱七八糟的历史消息，让你看上去是个专业人士。

○ 朋友圈晒图的时候，建议最好不要分享5、7、8张，这样分享出来确实很难看，如果对方是处女座，非疯了不可。

○ 经常对你做营销的人不要把他拉黑，因为他是你最好的老师，做营销最好的方法就是从被营销开始。

○ 经常对你做营销的业务员，他可能不是你的精准客户，但他可能是你的业务员。

○ 如果你想赚很多钱，每天都出单，你必须把你的好友数量加上去，

5000个是及格标准。

○ 量大是制胜的关键，只要量足够大，总会抓住一些人，只要时间足够长，总会抓住所有人。

○ 不要理会和在意那些骂你的人，因为无聊的人很多，浪费时间不值得。

○ 利用朋友圈权限，把你的同行竞争对手或不想让他看到你消息的人拉进朋友圈黑名单。

○ 发现好东西一定要及时收藏起来，利用好“我的收藏”。

○ 微信包括公共账号有五大忌，千万不要碰。一忌政治，二忌谣言，三忌宗教，四忌色情，五忌诅咒，做一个文明微信营销人。

○ 知道没有用，心动没有用，只有行动才有用，成功就是简单的事情重复做到极致。

○ 微信朋友圈分享的东西一定是要正能量的。

○ 微信营销必须建立在诚心诚意、诚实守信的基础之上，没有诚信，很难进行微信营销。

9. 微信营销的泛内容销售模式

（1）泛娱乐，如：娱乐、八卦、糗事、笑话、段子、游戏、明星等以娱乐为主的话题。

（2）泛成长，如：心灵鸡汤、正能量、成功励志、未解之谜等以成长为主的话题。

（3）泛健康，如：健康、养生、生活百科等以健康为主的话题。

10. 什么样的素材容易被转发

○ 以图片为主要载体的素材。

○ 与生活相关、具有一定实用价值的素材。

○ 具有一定娱乐性的素材。

○ 带有排行榜话题（10大）的素材。

○ 心灵鸡汤、人生哲理性的素材。

○ 名人故事。

营销就是一场钓鱼，在微信里，你想要的鱼塘，别人都已经建好了，同样，你的鱼塘也是别人想要的鱼塘。你要做的是，找到这个人，与他强强联合，把自己的鱼塘开放给别人，同时让别人把鱼塘开放给自己，共同分享！

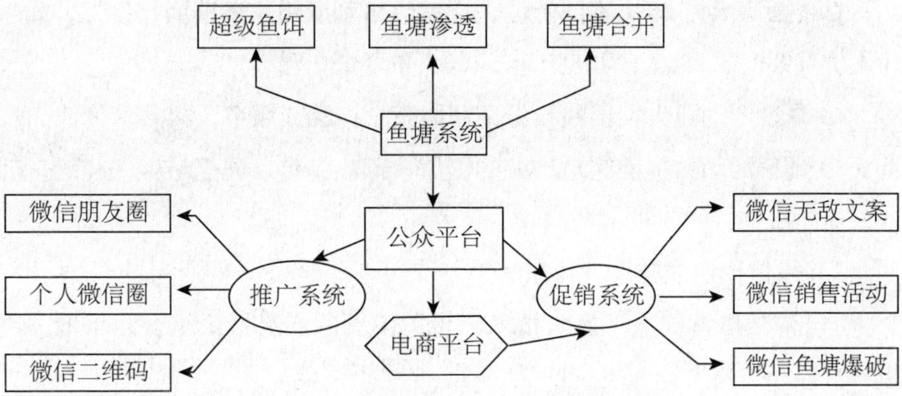

微信营销与销售系统关系图

11. 微信预售的超级秘诀

○ 发布重要通知。

○ 分享产品价格。

○ 分享顾客见证。

○ 分享部分内容。

○ 连续发布精彩内容。

○ 预告产品发布时间。

○ 引导客户主动预订。

○ 公布预订的数量，制造紧张气氛。

○ 额外增加赠品。

○ 营造“哄抢”气氛。

○ 产品正式发布。

12. 常见微信活动类型

○关注有奖：通过抽奖刺激潜在客户扫描二维码、关注公众平台。

○有奖转发：通过转发指定文章或链接、名片获取抽奖资格。

○抢红包：通过扫描二维码或分享邀请好友抢红包、抢口碑券。

○晒图有奖：拍指定照片分享到朋友圈，进行推荐，给予一定奖励。

○拼团活动：设置不同价位，通过价格刺激用户邀请朋友参加。如：10人价是980元，50人价是880元，100人价是680元。

○众筹活动：大家出钱凑份子获取某项产品或服务，再共享价值。

○预售活动：提前塑造产品的价值，预热铺垫，先把最感兴趣的一部分人提前成交。

13. 微信销售成交实战秘籍

（1）微信营销连环爆破技术：设置不同的产品报价组合，采取“高售—暂停—连售”连续发售产品。

具体操作：先发售一份高价格、高价值的产品，成交高意向、高支付能力的客户；隔几天之后，再发售一份低价格、低价值的产品，成交低意向、低支付能力的客户。

（2）临界增压技术：在发售前一天、前一晚、前几个小时的临界时段，突然发布一个精彩的成功案例、最重要的知识、最有价值的赠品，或出现一个重量级的嘉宾……

（3）如何设计有奖转发活动。

活动标题：一定要有吸引力，一针见血，口号一定要响亮、震撼。标题成功即成功了80%。

活动奖项：奖项一定要有噱头，奖品数量一定要多，让人感觉中奖很容易。

参与方式：转发、评论、填调查卷、大转盘、刮刮卡等方式。

活动环节：门槛一定要低；环节不要超过3步；最好参与过程有趣。

活动内容：活动内容介绍不要超过500字，简明扼要。

活动须知：补充说明以上未提到的问题。如：每人仅限一次、奖品如何发放；注明解释权等。

（4）微信营销秘诀。

○ 用好公众号里的数据分析，图文阅读量、粉丝增加量、消息互动数据，从数据中挖掘有效的方法。

○ 在别人公众号里付费钓鱼时一定要看一下他的后台，如果你是本地服务，看一下他的区域粉，有多少有效的。

○ 制作一个推荐自己公众号的一键关注页面，放在阅读原文处，方便粉丝快速关注。这一点在推广中特别重要。

○ 吸引高质量粉丝最有效的手段是软文，写一篇有价值的软文，一是可以增加信赖感，二是会被疯狂地转载。

○ 定位专家号或行业号，一定要拿出自己的精品，能在某一个圈子里吸引粉丝的作品。

○ 不要放网站的二维码，因为谁扫了你不知道，下次来不来你也不知道，要放就放公众平台的二维码，扫完了下次来不来，至少可以发消息去找他。

○ 要想让用户关注，请给用户一个关注的理由，不要干巴巴地放一张二维码或微信号，要鱼上钩必须挂饵，免费是吸引粉丝的最佳手段。

○ 把你的二维码设成手机的背景图片，方便大家扫一扫。

○ 无论线下还是线上放二维码，最好在二维码旁边放一个微信的logo，或者告诉别人用微信扫一扫，虽然这是一件很简单的事情，但还是有人不知道用微信扫码，也有可能会拿其他扫码器来扫。

○ 如果多处放二维码同时推广，最好把微信认证一下。

○ 记住，你想要的鱼塘，别人都已经替你建好了，如果别人不让你钓，可能是因为你开的筹码不够。

○ 把一块钱变成三块钱，重复100次和100万次的难度是一样的，一旦测试成功一种有效方法，你必须把它重复到极致。

○ 加50个自媒体或公众号相关的QQ群，在里面看别人怎么营销，你可以学习到很多东西。

○ 无论是众筹还是预售，你首先解决的问题是信任，让别人相信。

○ 公众平台刚刚起步，如果你没有资源去推二维码或打广告，那最简单、最原始的方法就是换群炸群，先换够一万个群再说。

○ 学着建立子名单，把有效的客户建立一个子数据库，你可以通过给粉丝某些福利或是一个小额的交易，把精准的数据过滤出来。

○ 序列文案，是一种非常有效的营销手段，一环扣一环，把客户的欲望慢慢放大，也是预售最佳伴侣。

○ 如果你的粉丝达到一定数量，一定要加入一个自媒体联盟，不管是大还是小，人脉最值钱。

○ 用好weixin.sogou.com，学会顺藤摸瓜，这是你研究别人做微营销的最好工具。

○ 最容易成交的客户是老客户，没有老客户你永远都是新公司，无论你的公司经营了多少年，你一定想着如何追售你的老客户。

○ 微活动是抓潜最好的手段，建议你一个星期至少来一次小活动，一个月做一次大活动。

○ 会员打包类的销售是微营销最常用的手段，你也考虑一下怎么一次卖别人一年。

○ 及时体验微信的各种新功能，说不定有意外惊喜。测试成功的种子，一定要快速放大。

○ 你懂了不要以为别人也懂了，小白在我们身边还是一抓一大把的，所以你的销售、活动一定要简单地让傻瓜都可以操作。

○ 天上不会掉现钱，做好微商你要么投入时间，要么投入金钱，仅有激情是不够的。

销售冠军读后感悟		
序号	读后感悟	智者之心声
01	您的高看法	
02	您的新想法	
03	您的好建议	
您智慧的发现		

第四招　O2O营销线上线下，打通市场抢业绩

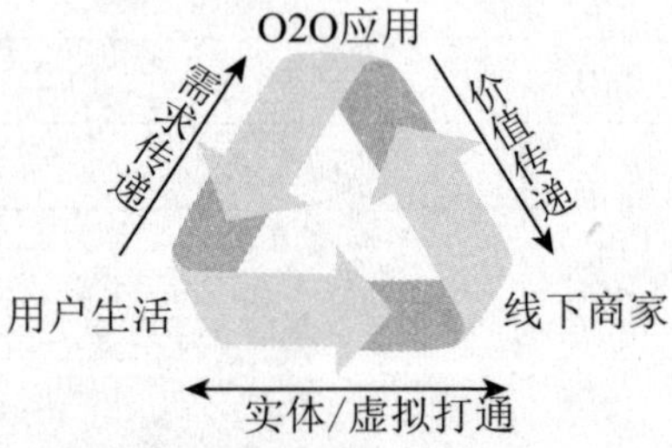

O2O（Online To Offline），即从线上到线下。O2O营销模式将线下的实体商务与互联网结合在一起，让互联网成为线下交易平台的新型电子商务营销模式。在这种营销模式下，线下服务可以通过线上宣传，消费者可以在线上选择服务种类，成交可以线上结算，线下体验、享受服务。

在2010年12月淘宝网举办的首届电子商务行业营销盛典“创想2010”活动中，曲美家具所举办的名为“曲亿团”的促销活动，夺得“2010年度淘宝网整合营销优胜奖”。“曲亿团”是国内第一个O2O的成功案例。“曲亿团”的成功，意味着O2O营销模式在国内的产生，并向电子商务行业展示了O2O营销模式填补的行业空白。

O2O，2012年在国内开始兴起；2013年各行业大谈O2O营销，企业诚惶诚恐；2014年企业迫不及待，纷纷试水O2O营销。在本地化、互动化方面，O2O是大趋势。无论你知不知道O2O，这个市场正在被迅速激活，O2O模式打开的将是一个万亿元级别的市场。

深受重视	移动化	社交化	本地化
互联网巨头积极布局O2O。腾讯凭借微信，阿里凭借淘宝本地生活，百度凭借地图，三大巨头在O2O市场中各占优势。	随着移动互联网时代的到来，人们的购物习惯将逐渐向移动端过渡，移动终端将成为O2O发展的必然方向。	移动端互联加剧了社交化趋势。未来的O2O平台不仅具备社会化互动功能，而且具有与社交化应用相融合的可能性。	O2O侧重的生活服务领域与天然位置相关，因此，垂直化、本地化服务更容易在竞争激烈的O2O市场中胜出。

采用O2O营销模式，对线下商家、消费者、O2O平台等都带来了极大的收益。

（1）线下商家：采用O2O营销模式，降低了线下商家对店铺地理位置的依赖，减少了租金方面的支出；持续深入进行“客情维护”，进而进行精准营销。

（2）消费者：O2O提供了丰富、全面、及时的商家折扣信息，能够快速筛选并订购适宜的商品或服务，且价格实惠。

（3）O2O平台：带来大规模高黏度的消费者，进而能争取到更多的商家资源。本地化程度较高的垂直网站借助O2O模式，还能为商家提供其他增值服务。

O2O营销模式的特点如下：商品是线下实体服务；营销结果可查询，交易业务可跟踪；无时间、地域限制；交易商品即时到达，无物流限制；商品质量能得到保证。

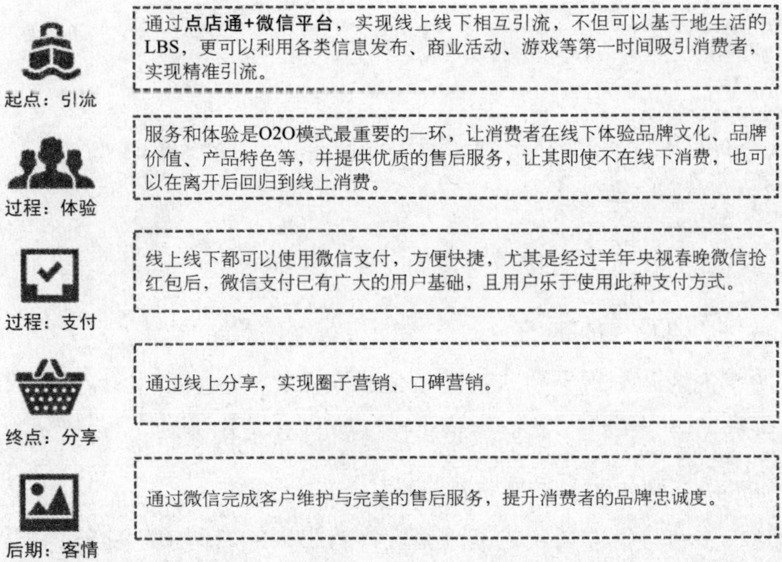

基于传统连锁企业得天独厚的优势（商品+门店），提供优质服务，如物流、客服、售后等服务。通过O2O平台，打造自己独特的品牌形象，

做好每一个产品内容的规划，包括介绍、用法、搭配、使用技巧等方面，通过图文并茂的模式在平台上呈现出来。社会化营销，累计口碑，加强互动。大力发展移动端，线上线下商品、价格、库存、会员信息同步，打造属于企业自己的专业化信息平台。通过优化O2O平台的四维一体营销模式，将连锁零售行业O2O发挥到最大化。

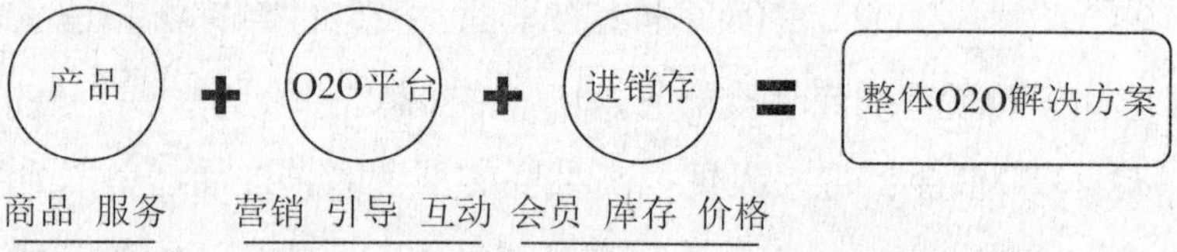

O2O模式的基本商业逻辑是，用户在线上平台预先支付，然后到线下消费体验，商家实时追踪其营销效果，由此形成闭环的商业服务和体验过程。它采用“电子市场+到店消费”模式，而不是“电子市场+物流配送”模式。

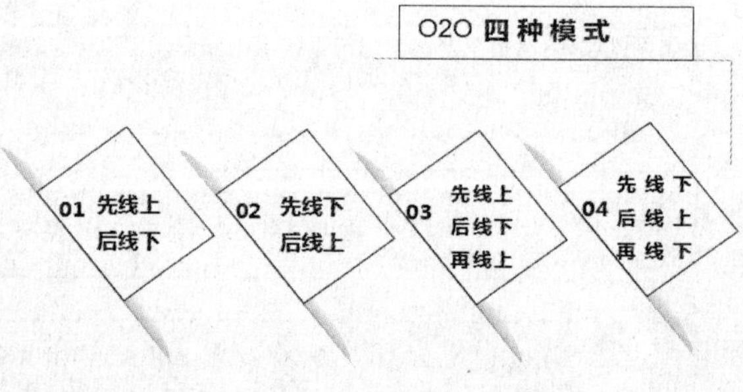

（1）O2O销售模式之一：先线上后线下模式。

所谓先线上后线下模式，就是企业先搭建一个线上平台，以这个平台为依托和入口，将线下商业流导入线上进行营销和交易，同时，用户借此又到线下享受相应的服务体验。

这个平台是O2O运转的基础，应具有强大的资源流转化能力和促使其线上线下互动的能力。在现实中，很多本土生活服务性的企业都采用了这种模式。比如，腾讯凭借其积累的资源流聚集和转化能力以及经济基础，构建的O2O平台生态系统即是如此。

（2）O2O销售模式之二：先线下后线上模式。

所谓先线下后线上模式，就是企业先搭建起线下平台，以这个平台为依托进行线下营销，让用户享受相应的服务体验，同时将线下商业流导入线上平台，在线上进行交易，由此促使线上线下互动并形成闭环。

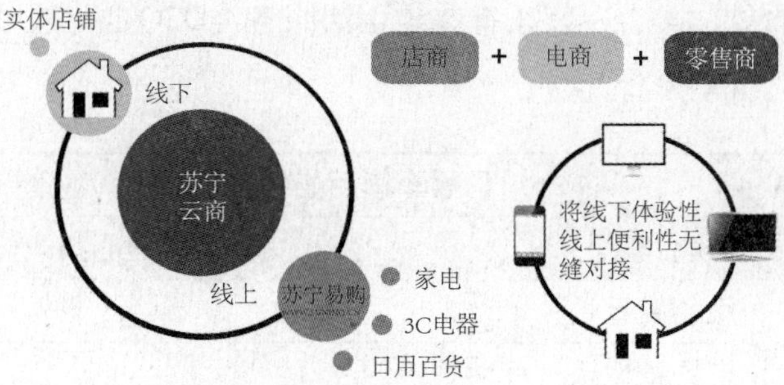

在这种O2O模式中，企业需自建两个平台，即线下实体平台和线上互联网平台。其基本结构是：先开实体店铺，后自建网上商城，再实现线下实体店与线上网络商城同步运行。在现实中，采用这种O2O模式的实体化企业居多，苏宁云商所构建的O2O平台生态系统即是如此。

（3）O2O销售模式之三：先线上后线下再线上模式。

所谓先线上后线下再线上模式，就是先搭建起线上平台进行营销，再将线上商业流导入线下让用户享受服务体验，然后再让用户到线上进行交易或消费体验。在现实中，很多团购、电商等企业都采用了这种O2O模式，比如京东商城。

2013年12月，京东将O2O模式确定为其未来发展重要战略之一。京东的O2O生态链条是：先自建线上京东商城，以其为平台进行营销，线下自营物流系统和与实体店企业合作，让用户享受其线下服务体验，再让用户到线上京东商城进行交易。

（4）O2O销售模式之四：先线下后线上再线下模式。

所谓先线下后线上再线下模式，就是先搭建起线下平台进行营销，再将线下商业流导入或借力全国布局的第三方网上平台进行线上交易，然后再让用户到线下享受消费体验。

这种O2O模式中，所选择的第三方平台一般是现成的、颇具影响面的社会化平台，比如微信、微淘、大众点评网等，且可同时借用多个第三方平台，这样就可以借力第三方平台进行引流，从而实现自己的商业目标。在现实中，餐饮、美容、娱乐等本地生活服务类O2O企业采用这种模式的居多，棒约翰就是如此。

销售冠军读后感悟		
序号	读后感悟	智者之心声
01	您的高看法	
02	您的新想法	
03	您的好建议	
您智慧的发现		

第五招　分享营销大趋势，大众创业万众收

分享经济是当今商业界一种较为重要的商业模式，分享就是将企业的产品分享销售到消费者手中。做好分享营销，最重要的是制订出分享模式与打造出一支卓越的分享营销销售团队。

1. 分享的原理

分享的原理非常简单，就是利用人与人之间的关系来分享与销售产品，“一个人的朋友是有限的，朋友的朋友是无限的”。这样就形成了一个巨大的销售网络，省去商品流通的环节，然后再根据每个人销售的业绩，用一种科学的计算方式分配省去流通环节所沉淀下的利润。我们知道，传统的商品流通形式是这样的：厂家—总代理—省代理—市代理—批发商—商店—消费者，这其中每个环节都需要管理费用，如：工人工资、运输经费、厂房水电费，随着环节的增加，产品的价格也越高，而且销售过程中还需要广告费，这些费用最后都由消费者承担。分享则把中间的流程缩短了，是由工厂—分享商—消费者，这样不但把产品的价格降低了，也使分享商获得了更大的销售利润，这对厂家、分享商、消费者都是有利的。分享提供的便利性与服务，造福了广大的消费者，降低了产品消费成本，包括有人亲自示范与说明产品、送货到家、提供产品满意保证等。此外，对于拥有传统零售商所没有的创新产品或特殊产品，或无法负担庞大广告与促销费用以便在零售商店上架的公司来说，分享也提供了另一种销售渠道。分享强化了经济体系中的零售通路架构，也给消费者提供了便利的高品质产品来源。分享企业与其他企业的一个很大的区别就是，它的发展依赖每一名成员的发展，分享企业与其员工之间是一种前所未有的密切联系，实现的是一种落在实处的理想的双赢。

2. 分享的优势

分享的特点如下：

（1）从事分享销售的人员的时间非常自由，不受任何人和单位管制，每个人都可以根据自己的时间安排事情。

（2）很多行业可以实现财富自由，分享就是其中的一种，而且适合那些没有资金的人群。

（3）销售人员亲身体验产品，再把感受分享给别人。

（4）销售人员利用自己所学到的知识通过沟通，一对一长期地跟踪服务从而销售产品。

（5）在分享的同时，每个销售人员都从实际及培训中学到很多在学校里无法学到的知识，树立了健康的理念，好的生活习惯，正确的价值观，以及积极向上的生活态度。

3. 当前的发展形势

目前，国内分享模式经营企业大约有800～1000家，主要分布在广东沿海和东北等地，在广东约超过600家。分享企业市场份额约占社会消费品零售总额的1%，预计未来3～5年内可达并将稳定在1000亿～1500亿的水平，甚至更多。

销售冠军读后感悟		
序号	读后感悟	智者之心声
01	您的高看法	
02	您的新想法	
03	您的好建议	
您智慧的发现		

六 第六招　免费模式拥未来，资产资本互整合

猪毛出在羊身上，马来买单！免费是为了更好地收费，更好地服务消费者。免费的真正含义是范围经济所指的共享基础设施和平台资源，在互联网范围经济中，是指共享信息资源和网络资源。

免费和我们已经习惯的传统营销中免费使用和颁发奖品促销等营销销售模式不同，免费模式是新营销时代下的产物，它并不是为了吸引你日后购买的一种手段，而是实实在在地免费奉送，并让你从中获利。

那些懂得免费将会统领明日市场并摧毁今日市场的人其实已经走在前面了。

在每次产业革命的过程中，都会有某样关键的生产要素成本大幅度下跌。

20世纪最强大的一种推销手段——免费派送某样东西，为的是创造另一种需求。

新型的免费并不是一种左口袋出、右口袋进的营销模式，而是一种把货物和服务的成本压低到零的新型卓越营销资源运营的全方面能力。在20世纪，免费是一种强有力的销售模式，而在21世纪，它已经成为一种全新的新经济、新技术、新资源、新商业、新盈利模式。

世界就是一个交叉补贴的大舞台。交叉补贴体现了天下没有免费午餐这句话的实质，也就是说你要吃一顿午餐，饭钱肯定是某个人通过某种方式来偿付的，如果不是你直接支付，那么也是由某个和免费吃这顿饭利益相关的人来付账。

交叉补贴可以有不同的作用方式：用付费产品来补贴免费产品；用日后付费来补贴当前免费；付费人群来给不付费人群提供补贴。

在交叉补贴的世界里，免费模式主要可以分为下面四大类。

免费模式一：分享交叉补贴。什么免费，吸引你掏腰包买其他东西的商品；谁享受免费，以某种方式最后掏腰包的人。

免费模式二：第三方市场。什么免费，内容、服务、资源等；谁享受免费，任何人。

免费模式三：免费加收费模式。什么免费，和付费版本相匹配的任何商品；谁享受免费，基本用户。

免费模式四：非货币市场。什么免费，人们选择免费赠送的、没有寄希望别人付钱的任何东西；谁享受免费，任何人。这种类型也包括几种不同的表现形式：礼品经济，劳动交换，资源整合，人才智慧。

智慧的公司都让正常的金钱流动方向发生逆转，它们或是让某种东西免费，或是在本应其他公司付账的时候买单。

如果某种商品出现了充裕的局面，那么其成本就会压低到近乎为零，而企业的利润寻找点就转移到相邻领域。

现在，我们知道进入一个市场最具杀伤力的方式就是彻底淘汰现有的商业模式。对于某一种别的商家依靠它来赢利的商品，你却免费提供这种商品，相信顾客自然会络绎不绝地来到你的门口，你就可以卖别的东西给顾客。

如果某一种资源变得稀缺而且昂贵了，那么就会促使人类去寻找一种更充裕的资源，而目前对稀缺资源的需求也会逐渐向别种资源转移，人类的智慧和科学的学习曲线能够帮助我们以比消耗资源更快的速度找到新资源。

这种考虑充裕的思维并不仅仅只是发现什么东西会变得更便宜，也是寻找在产业转移的过程中什么会变得更有价值，并努力向这个方向趋近。

例如，广告收入会帮杂志社支付两者间的差价，即杂志社原来看上去会亏掉的钱由广告商来补足。因此，广告收入使得表面看起来亏本的杂志订阅生意能盈利。如果某个订户能连续订阅三年或更长的时间，那么杂志社赚到的钱连最初吸引这个订户的成本都可以抵偿了，这样就使得杂志社盈利更丰厚。

收费会让我们想到选择的成本，这对于我们掏腰包就不是什么促进因素。但是，如果某件商品价格是零的话，那么我们脑子里的那面小旗就不会立起来，做决定时也会觉得轻松多了。

因此，一旦想要收费的话，不论收费多低，都会造成一个心智交易成本障碍，而大多数人都不愿耗费精力翻越这个障碍。相反，免费则能帮助消费者加速做出购买决定，使得更多人决定要尝试一下某种新商品。免费看似放弃了得到的一部分分享收入，但是它却带来了更多的尝试者。

如果你是一个更在意关注度而非货币的信息提供者，那么免费是一个好主意。

任何提供免费内容的人都具有无法超越的优势，这种优势别人最多只能和你比肩而已，因为想要比免费提供内容做得更好的话，那就只能宣告“如果你看我的博客，我会付给你钱”，但这种主意在长期看来还是难以为继的。

免费加收费策略的四种模式如下。

第一，限定时间（××天免费，之后收费）。有利之处：容易实现，市场侵蚀风险小；不利之处：许多潜在客户不愿意使用，因为他们知道时间到期后得不到好处。

第二，限定特征（基础版免费，高级版收费）。有利之处：使产品知名度最大化的最佳方法；不利之处：需要创造两种版本的产品并严格区分它们的性能。

第三，限定用户数（一定数量的用户可以免费使用，但超过这一数目后则须付费）。有利之处：易于执行；不利之处：可能侵蚀低端市场份额。

第四，限定客户类别（小公司可以免费使用，大公司需要付费）。有利之处：在发展迅速的公司中率先赢得客户群；不利之处：复杂且难于监管的验证程序。

例如：对于计划采取免费加收费作为其收入模式的典型Web 2.0企业，建议将收支平衡比例设定为5%，而借助10%的实际转化率平衡免费版和收费版的混合收益。如果实际转化率远超过10%，则可以在免费版中提供非常少的服务，从而避免免费版的市场普及率出现最大化；如果实际转化率低于10%，那么免费下载造成的版本就开始逐步增大，这使得产品很难盈利。

在一家公司刚刚成立或一件产品刚刚进入市场时，当它设法产生吸引力时，免费是最佳市场推广策略。这降低了新客户试用该产品的风险，而且扩大了产品的潜在客户群。但随着时间流逝，由于产品或公司的市场地位更加巩固且为外界熟知，尝试这种新产品或与新公司打交道的风险越来越少，且免费变得越来越不那么必要。

建立在免费基础上的商业模式如下。

（1）免费模式：分享交叉补贴。

○ 赠送服务，销售产品（如：苹果商店提供的技术支持）。

○ 赠送软件，销售硬件（如：IBM和惠普公司的Linux产品）。

○ 赠送硬件，销售软件（如：电子游戏的家用主机模式）。

○ 赠送手机，销售通话时间（如：许多电信运营商都采取这一模式）。

○ 赠送通话时间，销售手机（如：许多电信运营商都采取这一模式）。

○ 赠送表演，销售饮料（如：酒吧）。

○ 赠送饮料，表演收费。

○ 免费赠送（如：零售商的赔本甩卖）。

（2）赠免费模式：三方市场。

○ 赠送内容，销售接触观众的机会（如：广告支持的媒体）。

○ 赠送免费信用卡（如：向商家收取交易费）。

○ 送产品，销售服务（如：当你开设一个银行账户时获赠免费礼物）。

○ 赠送科普文章，向作者收取出版费（如：公共科学图书馆）。

○ 赠送文件阅读器，销售文件写作软件（如：Adobe）。

〇 女士免费入场，男士门票收费。

〇 儿童免费，成人收费。

〇 清单免费，搜索收费（如：交友网站）。

〇 销售清单，赠送搜索服务（如：交友网站）。

因此，免费正是生物学家所说的“进化稳定营销销售模式策略”，当没有其他人运用这种营销销售策略的时候，如果你这样做了就会收效明显，成为唯一一个提供免费的人，这会给你带来优势。即使其他所有人也都采用了这种营销销售策略，你这样做依旧会奏效，因为在这种条件下，任何选择对自己内容收费的人都将处于劣势。未来免费模式，将是世界主要的核心的商业模式与盈利模式！

销售冠军读后感悟		
序号	**读后感悟**	**智者之心声**
01	您的高看法	
02	您的新想法	
03	您的好建议	
您智慧的发现		

第九章 品牌战略是趋势，消费市场竞争力

第一招 品牌营销特重要，产品销售爆市场

品牌是企业的根，品牌是产品的魂，品牌是市场的命，品牌是渠道的灯，品牌是消费者的心，品牌是销售业绩的印钞机！

品牌，点亮心灯。品牌是营销的利剑，品牌理念是产品的精，品牌思维是产品的气，品牌模式是产品的神！

点爆你的品牌，炸开你的市场，引爆你的客户，销爆你的业绩，打造畅销品，定位消费群体，聚焦客户流量，更好地从客户视角“陆海空”全方位地拦截客户，引流客户，服务客户，成就客户！引爆销售，打造强势品牌！

从竞争的角度看：未来的营销是品牌的竞争，品牌互争短长的竞争。唯一拥有市场的途径就是拥有占据市场优势的品牌。

从客户的角度看：企业生产的是有物理属性的产品，而客户购买的则是有情感归依的品牌。产品和服务的交易具有一次性，但是优秀的品牌会赢得客户一生的信赖。

1. 塑造强势品牌，引爆销售业绩

什么是强势品牌？它有以下衡量标准：

○ 知名度高，市场竞争力强大。

○ 长期持续畅销，客户忠诚度强。

○ 市场占有率高，消费影响力大。

○ 重复客户多，回头率高，转介绍强。

○ 不同于其他品牌的优势性明确，成熟度高。

○ 拥有稳固的品牌印象，客户认同性好。

○ 即使价格高也能畅销。

○ 狂热性的爱好者和支持者多。

○ 营业额大。

○ 保持品牌的新鲜度，品牌维护与品牌建设强大。

○ 盈利率高，品牌影响力强大。

○ 在各个市场营销与销售区域都有号召力，品牌知名度高。

○ 能进行品牌扩张，品牌建设与设计系统化、标准化、流程化、可操作化。

○ 品牌的品质度高，品牌文化建设有高度、广度、深度，品牌DNA强大。

○ 价格上升的空间大，著名行业领导者品牌形象打造。

何谓品牌管理？“品牌管理”管理什么？

首先要进行品牌战略规划，品牌战略规划的目的在于为品牌建设设立目标、方向与指导原则，为日常的品牌建设活动制订行为规范。品牌战略规划至少包括与品牌的属性、结构、内容、范围、管理机制与愿景等相对应的六个方面，即品牌化决策、品牌模式选择、品牌识别界定、品牌延伸规划、品牌管理规划与品牌愿景设立。

品牌创建与维护的过程就是品牌管理的过程！

2. 品牌精髓（品牌核心价值观）

品牌精髓必须具有这两个特征：与客户共鸣和推动企业强势发展的价值取向。它是品牌所专有的，能持续不断地造成本品牌和竞争品牌的差异化；它必须不断给企业员工和合作者进行培训灌输和推广激励。即使非常简单的话，比如“做得更出色”或“走不同的路”品牌口号等，也会对认真思考和品味其中含义的人们有所启发。

出色的表达品牌精髓的语句往往耐人寻味从而更广为人知。

例如：耐克的品牌精髓是“超越”，它包含了耐克识别的各种内容，如卓越技术、一流的运动员、进攻性的人格、生产跑鞋的历史和附属品牌“飞腾乔丹”以及所有希望超越的人们。美国运通的“做得更多”表现了企业的可信度，说明企业比竞争者考虑更周全，提供更完善的服务以及客户不安于传统的生活方式，希望获得更丰富多彩的生活体验的心理特质。

销售冠军成交智慧之：产品的黄金品牌价值

○ 名字：好名字是成功的一半，节省60%广告费。

○ 包装：包装是产品60%的价值，冲击力胜广告。

○ 卖点：卖点是非买不可的理由，是产品的核心价值。

○ 服务：服务是产品的3倍价值。

销售冠军读后感悟		
序号	读后感悟	智者之心声
01	您的高看法	
02	您的新想法	
03	您的好建议	
您智慧的发现		

第二招　强势品牌七步走，提升市场影响力

快速创建强势品牌七步走。

1. 第一步，设定品牌愿景：快速找准核心生意

（1）制订企业及品牌发展的未来。

也就是要找到品牌发展的实体立足点，即要进入哪一个行业、哪一个品类。比如一家企业可能把红葡萄酒当作经营目标，并会把高收入人群作为品牌的针对目标，因为这种新的红葡萄酒品类会同时满足人们保健及解渴的双重需要，又迎合了人们不断追求高品质生活的需要。要考虑企业及品牌发展未来的一个特征是，它使创建品牌的团队开始理解可能面临或将要出现的障碍，并迫使他们思考克服这些障碍的方法。

（2）有明确的品牌发展目标。

在明确了品牌发展的立足点后，接下来就是要明确品牌发展的目标，品牌发展的目标是指品牌所要瞄准的细分群体以及所要提供的价值方向，品牌发展的目标不是盈利这么简单。盈利只是存在的一个必要条件，就像吃饭和睡觉是人们生活的必要条件一样。但是一个成功的品牌应当是使世界变得更美好的品牌，应该是满足某一个社会群体生理、心理需要的品牌。

（3）有加强、支持品牌价值观的规划。

价值观刻画了有关员工和消费者双方合意行为类型的品牌内在信念和核心理念。价值观一旦确定，所有的市场努力就要围绕此展开，以此去强化品牌的价值观。

（4）找准核心生意的方法。

为了找准核心生意企业要了解产业环境：一是要了解产业竞争者，即现有公司间的竞争；二是要预测潜在新加入者的威胁；三是来自客户的评价，满足消费者的新需求；四是供应商的评价；五是分析评估市场上新出

现的同类产品。企业一定要明确洞悉自己的位置，发挥自己的优势。

如果一个品牌没有明确的方向，就会乱了手脚。而一个全面充分的品牌前景能够使员工更好地理解他们所要走的路。

（5）找准自己的核心生意，可以从以下三个方面进行界定。

○构想产品或服务，制订产品或服务的标准。

○定义市场范围，产品是满足消费者的物质需求或精神需求，针对哪一个群体。

○划分行业界限，企业该进入哪一个经营领域，明确自己的核心业务。

2. 第二步，品牌归属：建立管理品牌的组织

品牌归属即确立管理品牌的组织，品牌责任归属和组织运作，并定义品牌组织文化。

国内企业之所以在品牌创建过程中动作缓慢的最大的问题就是组织的运作不清楚。到底品牌责任在哪里？很多企业的品牌责任放在市场部、新闻中心或者是广告公司等，这都是不合理的。另外一个比较大的问题就是销讲或者业务活动同传播的功能在很多企业里是分开的，这就造成了很多决策的流程上的模糊不清楚，实际上这是很危险的，这就很难维持一个品牌的威信。在国外，品牌战略是公司的副总裁带队做最终决策。所以，企业的各作业环节语言要统一，销讲、业务、传播功能要有机地结合在一起，要有清楚的决策流程，要有信息科技手段的协助，要有强有力的培训系统。

3. 第三步，品牌标签：明确品牌的身份

用品牌的名称确认品牌与消费者的关系，形成品牌识别的简单雏形。在这一个步骤，我们需要弄清楚品牌命名的重要问题。

名字是橡皮筋，它可以拉长，但不能超出某个极限。此外，你把名字延伸得越长，它就变得越脆弱，一个名字应该延伸多长呢？这既是个经济学问题，也是个判断性问题，我们称产品延伸为“陷阱”，不称其为错

误，产品延伸能够产生效益的条件是：如果你的竞争对手很愚蠢，如果你的销量很小，如果你没有竞争对手，如果你不想在预期客户头脑建立一个地位。

4. 第四步，品牌识别：建立鲜明的品牌识别特征

即：明确品牌策略，把品牌定位、价值展现给消费者，建立鲜明的品牌识别。

品牌识别是品牌战略者们希望创造和保持的能引起人们对品牌美好的印象的联想物，是消费者认知品牌的重要元素。这些联想物暗示着企业成员对消费者的某种承诺。由于品牌识别被用于推动所有的品牌创建工作，它的内容就必须具有深度和广度，而不只是一句广告口号或一个定位的说明。

品牌识别的努力方向就是要帮助品牌建立与消费者的关系，这可以通过建立品牌的功能性、情感性或自我表现利益三个方面的认同来表达某种价值取向或委托权品牌提供信用来做到。

完整的品牌识别可以归纳为12项内容，并可以从4个方面进行归类：作为产品的品牌（产品范围、产品特性、质量/价值、使用体验、用户和原产地），作为组织的品牌（组织特性、区域性或全球性），作为人的品牌（品牌个性、品牌/消费者的关系），作为符号的品牌（视觉形象/标识和品牌历史）。虽然每项内容都和品牌有关，但事实上并非所有的品牌都会反映出所有12项内容。

5. 第五步，品牌传播：品牌整合传播规划

即：将既定的品牌识别以及品牌价值观进行策略规划，并制订品牌销讲传播计划。

（1）建立强大品牌知名度。

知名度的真正内涵其实是包含认知度及回忆度，通常我们测量知名度的方式是去询问消费者“某某类的产品中，您记得的有哪些品牌”，这是未提示的问法，或者是“某某类这些品牌”，您知道的有哪些品牌，这是提示的方式。在未提示的状况下，越早说出来的，表示在消费者心目中，品牌的地位越高，越接近理想品牌，自然购买的比率越高；品牌要想获得

成功，没有抢到第一位，起码也要进入品牌目录群内，被列入考虑。

所以建立品牌知名度，最少有三个任务：使消费者能辨识并记得品牌；能与产品类别有联想；能有简单的价值联系。

（2）建立有效的品牌联想。

对品牌管理者而言，想要掌握的就是，消费者在脑海中的联想，能有一个具体而具说服力的购买理由，这个理由，有人叫作USP，有人也称为利基点，也有人叫作竞争性定位，有人叫作核心价值，我们称其为真实的销售点子（后面将重点论述）。不论叫作什么，建立有效的品牌联想是有方法可循的。

○竞争性定位的思考方式：竞争性定位的基本原则就是要找到一个沟通的位置，是自己产品的强点，是消费者所想要的，也正是竞争者所不及的。比如：张裕葡萄酒的原料特点；伊利的新鲜奶源；中国移动的网络优势。

○提供消费者购买的理由：消费者面对许多选择的时候，其挑选的理由固然主观，但仍会是相当明确的，即使是情绪性的、冲动式的，也会是事出有因，理由越明确，提供的利益越具体，越能打动消费者。

○附加价值的提供：除了要具体地陈述出消费者购买的理由外，在传播的过程中更要去塑造一种感染力，那种感染力是可以更增强信心，引发欲望，应该立刻行动的，例如运用明星推荐，强调生活风格，不断肯定使用之好处等的传播方式，都是在强化感染力，提高购买的附加价值。比如：百事可乐除了提供活力外，更能找到明星的感觉；飘柔除了使头发顺滑外还能保持自信的心境等。

○营销活动的一致性：当品牌确立了一个具有竞争性的定位之后，第二个问题就是如何去建立它，通过许多不同的营销活动，不同的广告宣传，应该要保持相同的品牌形象，如此化零为整，在消费者脑海建立一个清晰的形象并深记在心。

6. 第六步，品牌体验：丰富消费者对品牌的认知

即：通过不断的传播让消费者更深层次接触、感受品牌，从而不断培

养品牌的忠诚度。

品牌忠诚度来自消费者对产品的满意度，固然消费者倾向购买他原先使用上没有太大问题，甚至是颇为满意的东西，但是每次购买时，总有许多其他的选择，也常有许多竞争者提供的不同新的好处、新的诱惑，所以偶尔试试别的是很容易发生的，如何维持忠诚度是必须要花心思的。

给消费者一个不转换品牌的理由，使消费者不产生转换的想法。

不断地而深入地了解消费者的需求，是最重要的要点，透过定期的调查，街头访问，甚至消费者投诉都可以去了解消费者的脉动。

具有差异性的附加价值越多，消费者移转的成本越高，像独特的口感，独特的个性，特有的独享权益，特殊的象征意义，超值的价位，最低的折扣……都是在创造转移成本。

7. 第七步，品牌监测：管理品牌资产

古人语："三省吾身而知不足"，对创建强势品牌而言，我们也需要定期进行品牌评估，并累计品牌资产，根据主要标准监测品牌的成果，这种反馈依据被监测的结果是有利的还是不利的，提供对未来行动的指导。

进行品牌的监测必须要精心确立调查方法和评估时间，了解品牌资产的变化，检查传播计划的执行情况。即使在企业财务或经营发生困难时，也要在品牌建立上持续投资。建立品牌实际上是不容易的，是需要很长时间的，在这个过程之中需要的是坚持。

销售冠军读后感悟		
序号	读后感悟	智者之心声
01	您的高看法	
02	您的新想法	
03	您的好建议	
您智慧的发现		

第三招　品牌定位是关键，聚焦重点引爆点

品牌定位是产品成为卓越品牌的核心竞争力唯一的法宝，品牌不定位，就是没有核心力量，很难实现企业营销与销售发展目标。

品牌定位的程序是，确认品牌竞争者，评估消费者对竞争者品牌的看法，确认竞争者品牌的定位，分析消费者偏好，做出品牌定位决策，监控品牌定位。

1. 品牌定位

（1）实体定位：功效定位（海飞丝去屑洗发水）、品质定位（晶晶亮，透心凉——雪碧；牛奶香浓，丝般感受——德芙巧克力）、价格定位、强势定位（无论一大步，还是一小步，都是带动世界的脚步——IBM）。

（2）观念定位：是非定位、比附定位、逆向定位、感性定位、理性定位（只买对的，不买贵的——雕牌洗衣粉）。

2. 品牌名称设计

品牌大师艾·里斯曾说过："实际上被灌输到顾客心目中的根本不是产品，而只是产品名称，它成了潜在顾客亲近产品的挂钩。"因此，品牌设计从名称开始。在品牌的诸多要素中，品牌名称是品牌的核心要素，是形成品牌概念的基础。

3. 品牌命名的原则和方法

品牌命名的原则包括：可记忆性原则（简洁、响亮）、有意义性原则、可转换性原则、可适应性原则、可保护性原则等。

品牌命名的策略和方法包括：以动物的名称命名、以植物的名称命名、以时间命名、以美好形象替代原有名称、以色彩命名等。

例如，Coca-Cola的译名：

1920年，中文名译为蝌蝌啃蜡（不知所云，不忍入口）。1979年，中文名译为可口可乐（暗喻口感良好，使人舒心快乐）。

第四招 品牌延伸要慎重，企业发展要站稳

一般而言，品牌延伸（Brand Extensions）是指企业将某一知名品牌或某一具有市场影响力的成功品牌扩展到与成名产品或原产品不近相同的产品上，以凭借现有成功品牌推出新产品的过程。

1. 品牌延伸的种类

（1）大类延伸：主品牌延伸到不同于已有品牌产品类别的品牌延伸。

（2）产品线延伸：主品牌用于延伸的产品与原产品同属一个类别，但定位于不同的细分市场。比如：推出新款式、新口味、新色彩、新配方、新包装的产品。

2. 品牌延伸的优点

（1）品牌延伸可以加快新产品的定位，保证企业新产品投资决策迅速、准确。

尤其是开发与本品牌原产品关联性和互补性极强的新产品时，它的消费与原产品完全一致，对它的需求量则与原产品等比例增减，因此它不需要长期地市场论证和调研，原产品逐年销售增长幅度就是最实际、最准确和最科学的佐证。由于新产品与原产品的关联性和互补性，它的市场需求量也是一目了然的。因此它的投资规模大小和年产量多少是十分容易预测的，这样就可以加速决策。

（2）品牌延伸有助于减少新产品的市场风险。

新产品推向市场首先必须获得消费者的认识、认同、接受和信任，这一过程就是新产品品牌化。而开发和创立一个新产品需要巨额费用，不仅新产品的设计、测试、鉴别、注册、包装设计等需要较大投资，而且新产品和包装的保护更需要较大投资。此外，企业还必须持续地开展广告宣传和系列的促销活动。这种产品品牌化的活动旷日持久且耗资巨大，它往往超过分享生产成本的数倍、数十倍。如在美国消费品市场，开创

一个新品大约需要5千万至1亿美元，这显然不是一种新产品能承受的，没有巨大财力支撑，新产品就只能被扼杀。品牌延伸，是新产品一问世就已经品牌化，甚至获得了知名品牌赋予的勃勃生机，这可以大大缩短被消费者认知、认同、接受、信任的过程，极为有效地防范了新产品的市场风险，并且可以节省数以千计的巨额开支，有效地降低了新产品的成本费用。

（3）品牌延伸有益于降低新产品的市场导入费用。

在市场经济高度发达的今天，消费者对商标的选择，体现在“认牌购物”上。这是因为很多商品带有容器和包装，商品质量不是肉眼可以看透的，品牌延伸使得消费者对品牌原产品的高度信任感，有意或无意地传递到延伸的新产品上，促进消费者与延伸的新产品之间建立起信任关系，大大缩短了市场接受时间，降低了广告宣传费用。

（4）品牌延伸有助于强化品牌效应，增加品牌这一无形资产的经济价值。

品牌原产品起初都是单一产品，品牌延伸效应可以使品牌从单一产品向多个领域辐射，就会使部分消费者认知、接受、信任本品牌的效应，强化品牌自身的美誉度、知名度，这样品牌这一无形资产也就不断增值。

（5）品牌延伸能够增强核心品牌的形象，能够提高整体品牌组合的投资效益，即整体的营销投资达到理想经济规模时，核心品牌的主力品牌都因此而获益。

由于品牌延伸诱惑多多，所以近几年国内企业纷纷进行品牌延伸，品牌延伸成功与失败的例子俯拾皆是，由于中国的很多企业以品牌水平延伸为主，所以失败的例子很多，有些失败的延伸甚至会使整个企业都难逃劫难，比如春都扩展到医药业，巨人延伸到保健品业，以及海尔延伸到医药业，联想延伸到手机业等都是不成功的，而由于品牌垂直延伸往往会涉及新的品牌，所以品牌延伸失败还不至于对企业形成致命打击，但还是会影响到整个企业品牌的发展。

3. 品牌延伸的缺点

（1）损害原有品牌形象。

当某一类产品在市场上取得领导地位后，这一品牌就成为强势品牌，它在消费者心目中就有了特殊的形象定位，甚至成为该类产品的代名词。将这一强势品牌进行延伸后，由于近因效应（即最近的印象对人们认知的影响具有较为深刻的作用）的存在，就有可能对强势品牌的形象起到巩固或减弱的作用。如果运用不当的品牌延伸，原有强势品牌所代表的形象信息就被弱化。例如，施乐美国公司收购了一家电脑公司，把它改名为“施乐资料系统”。然而“施乐”在顾客心中意味着复印机，他们不接受不能复印的“施乐”电脑，由此，施乐美国公司损失了8400万美元。

（2）有悖消费心理。

一个品牌取得成功的过程，就是消费者对企业所塑造的这一品牌的特定功用、质量等特性产生的特定的心理定位的过程。企业把强势品牌延伸到和原市场不相容或者毫不相干的产品上时，就有悖消费者的心理定位。这类不当的品牌延伸，不但没有什么成效，而且还会影响原有强势品牌在消费者心目中的特定心理定位。

（3）容易形成此消彼长的“跷跷板”现象。

当一个名称代表两种甚至更多的有差异的产品时，必然会导致消费者对产品的认知模糊化。当延伸品牌的产品在市场竞争中处于绝对优势时，消费者就会把原强势品牌的心理定位转移到延伸品牌上。这样，就无形中削弱了原强势品牌的优势。这种原强势品牌和延伸品牌竞争态势此消彼长的变化，即为“跷跷板”现象。

（4）株连效应。

将强势品牌名冠于别的产品上，如果不同产品在质量、档次上相差悬殊，这就使原强势品牌产品和延伸品牌产品产生冲击，不仅损害了延伸产品，还会株连原强势品牌。当把高档产品品牌用在低档产品上就有可能产生灾难性后果。

美国“派克”钢笔以其质优价昂闻名于世，被誉为“钢笔之王”，然而该企业1992年上任的总经理为扩大销售额，决定进军低档笔市场，将“派克”品牌用在仅售3美元的低档笔上，结果形象声誉大受影响，非但没有在低档笔市场上站住脚，高档市场也被竞争对手夺去很大一块份额。

（5）淡化品牌特性。

当一个品牌在市场上取得成功后，在消费者心目中就有了特殊的形象定位，消费者的注意力也集中到该产品的功用、质量等特性上。如果企业用同一品牌推出功用、质量相差无几的同类产品，会使消费者晕头转向，该品牌特性就会被淡化。

（6）产品定位与品牌定位的差异化。

在品牌延伸中，如果破坏了品牌定位中核心价值的一致性，就会降低品牌的市场影响力。若在品牌延伸中不与该品牌定位一致，会动摇人们心目中对该品牌的思维和情感定势，随着这种状况的持续，自然给公众传达了不利于该品牌的混乱信息，相应地该品牌的市场影响力就会降低，严重时会危及该品牌的市场地位。

（7）品牌延伸的不一致性。

品牌延伸应尽可能避免在类别差异性比较大的产品间进行；在同类产品间延伸时也要注意品牌的市场和社会定位，如果该品牌具有很强的市场影响力，而且品牌和产品已画等号时，就应慎重考虑该品牌延伸到其他同类产品上。

（8）品牌延伸时把握不准产品种类、数量的适度性。

虽然延伸产品可能保持了与品牌核心价值的一致性，但若不注意量的限制也可能会影响品牌的市场影响力，因为品牌所涵盖的产品过宽会造成管理上的不方便，其中任何一个产品问题的出现都会损害品牌形象；而且不同产品在定位上还是有一定的差异性，因此会或多或少地冲淡或影响人们心目中对该品牌的思维和情感定势。一个品牌定势的建立还是和最初的产品相联系的，产品种类过多往往冲淡这种定势。所以品牌延伸要注意对产品种类、数量的控制；品牌扩展的宽度是必须量力而行的。

4. 品牌延伸策略

（1）在产业上延伸。

从产业相关性分析，可向上、向下或同时向上向下延伸；采取这种延伸方式，为材料来源、产品销路提供了很好的延伸方式。

另一种是产业平行延伸，一般适应于具有相同（或相近）的目标市场和销售渠道，相同的储运方式，相近的形象特征的产品领域；这样一方面有利于新产品的销讲，另一方面有利于品牌形象的巩固。

（2）在产品质量档次上延伸。包括以下三种延伸方法：

○ 向上延伸，即在产品线上增加高档产品生产线，使商品进入高档市场。

○ 向下延伸，即在产品线中增加较低档次的产品。利用高档名牌产品的声誉，吸引购买力水平较低的顾客慕名购买这一品牌中的低档产品。如果原品牌是知名度很高的名牌，这种延伸极易损害名牌的声誉，风险很大。

○ 双向延伸，即原定位于中档产品市场的企业掌握了市场优势以后，决定向产品线的上下两个方向延伸，一方面增加高档产品，另一方面增加低档产品，扩大市场阵容。

（3）其他相关延伸，也叫扩散法延伸。

这对于刚成长起来的名牌非常有意义。它有四层含义：一是单一品牌可以扩散延伸到多种产品上去，成为系列品牌；二是一国一地的品牌可扩散到世界，成为国际品牌；三是一个品牌再扩散衍生出另一个品牌；四是名牌产品可扩散延伸到企业上去，使企业成为名牌企业。

销售冠军读后感悟		
序号	读后感悟	智者之心声
01	您的高看法	
02	您的新想法	
03	您的好建议	
您智慧的发现		

第五招 品牌管理科学化，精雕细刻强发展

品牌维护、品牌管理、品牌升级、品牌推广、品牌服务、品牌模式、品牌定位、品牌聚焦、品牌治理、品牌转型、品牌更新……是企业持续稳定增长发展的核心竞争力。

1. 品牌管理程序

（1）解读产业环境，确认企业的成长点。

（2）形成企业的品牌发展目标及可操作的路径。

（3）进行品牌定位，确认品牌与消费者的关系。

（4）确定品牌策略，形成品牌的识别、维护体系。

（5）明确品牌责任归属，建立品牌机构，管理运作品牌。

（6）整合营销传播计划及执行。

（7）分享接触消费者，持续记录建立品牌档案，不断培养消费者的品牌忠诚度。

（8）建立评估系统，跟踪品牌资产。

（9）持续一致地投资品牌，不轻易改变。

2. 品牌资讯收集与分析

（1）行业资讯收集，详尽收集业内资讯，把握行业动向。

（2）竞争对手跟踪，掌握各时期各地主要竞争对手的情况以及本公司相对于竞争对手的表现。

（3）市场消费趋势分析，监测市场环境变化，分析消费者消费趋势的发展，包括整个市场和其中各个细分市场的发展因素，对公司的各项业务提出品牌建议。

3. 战略分解执行、品牌策略制订

（1）分解公司发展战略，从战略上明确品牌管理的任务，提出将来品牌战略的建议。

（2）依据战略制订品牌运作策略，进行持续有效的传播活动，实施传播管理。

（3）管理企业CI发展，确保品牌始终忠于其价值和定位，促进企业形象不断积累而升级。

决定品牌的产品和市场范围，协助公司进行多元化的产品以及市场环境下的正确决策，以促进公司的战略目标达成。

4. 品牌营运监控

（1）销售情况汇集。

（2）品牌传播与积累效果，形成完备的企业品牌投入财务报表。

（3）建立各项目品质形象，并实施监督。

（4）品牌价值定位（价格）。

（5）品牌标定下的售后服务，用服务完善品牌形象。

（6）开展市场调查，收集消费者对品牌的感受。

及时告知承担品牌营运使命的相关职能部门，并敦促修改，调整做法，以适应市场环境的变化。

5. 品牌意识内部传播

（1）倡导品牌全员意识，在企业内部形成高度重视品牌的意识。

（2）商标知识培训，知识产权教育，品牌是企业重要的无形资产。

（3）在各项工作上强化企业形象识别，包括视觉、行为与理念，把品牌落实到一言一行上去。

6. 注册商标管理

（1）收集相关的商标法律政策，并整理成册，依法保护企业品牌。

（2）负责对新品牌进行商标注册以及已有品牌的续展。

（3）建立完整的企业商标档案，并不断充实。

（4）依照法律法规处理品牌纠纷。

7. 品牌识别管理

（1）VI标准监督执行，对各项设计制作进行监督。

（2）品牌应用识别规范，各种场合在使用品牌时必须严格依照规范。

（3）严格要求终端品牌视觉识别。

8. 品牌形象的调查分析，防止品牌老化僵化。

（1）品牌形象的重新定位，保持品牌活力。

（2）品牌创新过程中相关内容设计的组织与筛选。

（3）创新品牌形象的再推广。

（4）品牌形象维护、更新

9. 品牌运营环境建设

（1）建立良好的媒体关系，可通过新闻发布、人员联络等方式进行。

（2）处理好行业关系，同行之间不交恶，积极参加行业内活动。

（3）重视政府关系，以获得政策支持。

（4）建立良好的合作伙伴关系，共同承担，实现多赢。

（5）建立融洽的公众关系，可通过社区服务等方式进行。

Interbrand法：品牌价值=品牌未来收益×品牌强度，即$E=I\times G$。

品牌未来收益反映近几年的获利能力。品牌收益计算可以从品牌销售额中减去品牌的成本、营销成本、固定费用和工资、资本报酬以及税收等。

品牌强度决定品牌未来的现金流入能力，最小值为6，最大值为20。

销售冠军读后感悟		
序号	读后感悟	智者之心声
01	您的高看法	
02	您的新想法	
03	您的好建议	
您智慧的发现		

第十章 招商营销陆海空，批量成交赢市场

第一招　招商造势开智慧，打通心智全绽放

一提起招商，很多企业就满腹抱怨：我们是好品牌、好产品、好价格、好品质、好包装、好模式、好团队，但为什么总是招不到商？签不到优秀客户？为什么烧钱般的招商广告天天打，大量投入人、财、物，可有时连客户咨询的电话都很少？为什么招商会现场很热闹，会后成单的却很少？更惨的是，费了九牛二虎之力招到的加盟商素质实在不佳，没有资金投入实力，管控困难，规范被做得面目全非，等等。招商为什么那么难呢？那是因为您没有找到高质量的经销商的吸引点，没有一套完整的招商模式、商业模式及盈利模式……

一个企业要招商成功必须走自己的道路，任何企业在总结招商成功经验的时候，往往都是"事后诸葛亮"，我们无法预测一个企业到底怎么招商一定会成功，但是可以知道一个企业要想成功招商必须做些什么，我们不能单纯模仿别人的模式，而是应该加上自己对市场的观察、思考和策划，要有自己的特色，只有这样才能保证成功。所以，要想招商成功，首先我们应该清楚地知道现在应该干什么，下一步应该干什么。

招商工作是很多产品品牌从纸上谈兵到切实落地的重要一环，2017年，整个市场产品品牌销售形势的诸多变化使招商工作难上加难，招商难的根本原因并不在于成交少与客户资源越来越少，而在于招商营销工作缺乏针对性和说服力，招商定位不准与招商聚焦存在问题，缺乏对客户不同心态的具体了解和把握，缺乏对市场项目本身优劣长短的客观看待以及与之相应的营销模式举措。招商就是为客户服务，首先建立在是否了解你的目标客户与准客户真正的需求，没有调研就没有发言权，充分准备是招商成功的关键。招商是永不停止的工作，好的招商是市场训练出来的，而不

是一步到位就能成功的！

招商会议主题设计、定位、名称等是招商会议成功的关键团素。

招商会议的主题设计定位：一定要吸引眼球，让参会客户容易记住，并瞬间产生好感，难以忘记；有新意，会议的主标题与副标题要标新立异，突出表现会议内容与带给客户的满意度，在前期推广宣传作用很重要；留悬念，招商会议主题一定要给人留悬念，创造吸引力，快速招集人员参会，起到自然营销与销售的作用。

招商会一般提前一个月到三个月开始前期准备、规划、设计、推广、宣传、造势，在同行与跨行业中进行宣传推广营销。

○ 招商会一般要避开同行业或跨行业同时召开招商会的时间冲突，否则将严重影响招商参会人数与质量及效果。

○ 通常，在招商会议前期，企业要做360°市场预测、市场分析、市场需求调查、市场竞争情况等，进行摸底分析、梳理，最终形成可行性招商营销决策，而后成功招商。

○ 提前一个月至三个月做招商会议各项准备，如招商会规划、招商模式定位、招商团队培训、招商渠道执行、招商营销与销售策略、招商会议物料图标设计制作、招商会议产品准备、招商推广话术编写、电话营销培训、主持人训练、培训讲师准备等。

销售冠军成交智慧

好的招商，客户用掌声买单；好的模式，客户用钞票买单；优秀的企业家不仅要会招商，更要会设计招商模式，将销售融入招商，通过招商销售公司的产品及项目！不管你是企业负责人、职业经理人、招商负责人，还是销售经理、销售总监、营销总裁，只要是一对多的招商，都需要招商模式与商业模式与盈利模式！

销售冠军读后感悟		
序号	读后感悟	智者之心声
01	您的高看法	
02	您的新想法	
03	您的好建议	
您智慧的发现		

第二招　招商策略重设计，一环紧扣一环重

您还在传统销售中苦等吗?

卖品牌的时代，您还在卖产品吗?

卖客户需求的时代，您还在卖商品吗?

卖客户价值的时代，您还在卖价格吗?

整合营销的时代，您还在孤军奋战吗?

卖商业模式的时代，您还在卖销售政策吗?

软件决定硬件的时代，您还在单一卖企业硬件吗?

不谋全局不足于谋一域，系统取胜的时代，您准备好了吗?

非战略而不营销，非策略而不领先，非系统取胜的时代，您准备好了?

从机会市场转型到成熟市场，市场饱和了，您有成熟的打法吗?

1. 招商前期市场区域划分

（1）会前意向（重点）：会议前期在客户邀请方面重点规划。

（2）重点客户：重点客户要重点跟踪服务，成交希望很大，也可以进行转介绍，跟踪到位随时随地都有可能成交，而且成交金额很大，相当于意向客户10～20倍的业绩。

（3）意向客户：意向客户成交的可能性也很大，只要跟踪服务到位，相信自己、相信公司、相信产品，对企业、产品、营销策略都非常精通，并能让客户赚到钱，所以成交的机会还是很大的。

（4）一般客户：是需要进行专业、系统、全面的培养与引导的，是招商成交的潜力型客源，后继可以长期跟踪与服务，成交一定是早晚的事情。

2. 招商从势入、从势出

（1）招商心法入势打造吸引客户的核心竞争力。

设计好招商品牌文化，塑造强势品牌形象，抢占客户心智模式，成功

招商。

（2）招商政策借势营销，引客入局，销售成交。

招商营销政策是关键，如让产品好销售，让客户也赚到钱，让客户转介绍，更好地服务客户。

（3）招商产品得势好，引爆品牌营销好。

为什么苹果手机与华为手机能够风靡全世界？在产品营销传播方面，独到极致。

为什么诺基亚却烟消云散不见踪影？产品没有与消费者同频，与时代脱节。

（4）招商模式取势妙，让业绩引爆品。

京东持续亏损11年为何能够成为行业巨头？商业模式是企业与品牌立于不败之地的核心竞争力。

嘀嘀烧钱大战凭什么打败30多家强大对手？模式是企业盈利规划的战略核武器。

小米手机不赚钱凭什么还能够杀出一条血路？同样是创新商业模式，始终与消费者在同一频道。

（5）招商团队气势高，专业团队好招商。

《亮剑》中李云龙的部队为何所向披靡，个个骁勇善战？是因为有专业的团队，团队是根本。

阿里巴巴为何能够从互联网冬天走到世界顶峰？也是依靠专业的团队，成就大业。

（6）招商营销造势准，销售成交业绩高。

马云西湖论剑为何能够谱写网络时代英雄传奇？造成了大势，使中国移动互联网风靡全球。

为何卧龙先生诸葛亮深居山林刘备却要三顾茅庐？造的是神机妙算势。

苹果手机为何每次新品推出都能让人趋之若鹜？造的是市场消费的势。

（7）招商成交要顺势，成交业绩是大事。

为何大年初一人们愿意花百万重金疯抢头炷香？要的是第一位的势运。

为何一个普通医生卖药都比任何一个医药代表卖得好？医生打造的是专业势。

（8）招商品牌立势到，销售成交影响力。

品牌是产品的魂，也是产品营销与销售的代言人，品牌包装好了，对产品市场营销与销售起到核心作用，带动招商销售业绩的全面提高。

（9）招商一定要聚焦优势资源，定点爆破，方能全面而精准地进行招商。

销售冠军读后感悟		
序号	**读后感悟**	**智者之心声**
01	您的高看法	
02	您的新想法	
03	您的好建议	
您智慧的发现		

第三招　招商核心前中后，布局客户成交爆

1. 培训

在招商前期进行系统规范化培训是招商成功的关键因素与环节。

品牌文化系统培训，让招商团队清楚了解企业产品品牌文化、内涵和价值。

产品专业知识系统培训，让招商团队彻底了解产品系统知识，更好地向外推广应用。

招商营销政策模式的系统培训，让招商团队成员系统了解、学习招商盈利模式，随时随地进行招商。

招商团队系统专业知识培训，会议客户邀请与营销推广，培训招商团队的执行能力、组织能力、计划能力、团队战斗能力、凝聚力、营销能力、新客户开发能力、市场拓展能力、会议组织服务能力、销售成交签单能力、微商销售能力、直营销售能力、培训等。

2. 成功招商会必须要有“五信”

（1）信企业：使经销商了解、确信企业是有实力、讲信誉的，有能力、有战略、有远见的。

（2）信产品：产品的功效显著、卖点独特、定位准确、质量可靠，是有市场前景的产品。

（3）信模式：企业的营销模式先进而有实效，管理规范，可操作性强，客户加盟容易赚到钱。

（4）信利润：有钱可赚，利润空间大，发展可持续。

（5）信合同：合同严谨、责权利明确，有绝对的约束性和保障性，不会签而无效。

“五信”是企业的承诺得到积极回应的基础，达到了“五信”，那么招商工作的总目标即签约合作就进入坦途了。

3. 招商目标定位

确定招商目标定位，目标是“纲”，纲举目张，企业招商才能吸引众商眼神。企业招商第一步就是要做好“自我定位”，搞明白“我是谁，我为谁，我能做到什么”。

（1）产品定位系统。

仔细研究以何种角度进入市场，代理的产品是单线还是组合，产品盈利空间有多大，要仔细琢磨，审时度势。

（2）资金定位系统。

企业有多少钱又准备拿多少钱“攀亲”是关键，关系到前期招商和后期招商的连续，企业要量力而行。

（3）渠道定位系统。

企业所拓展的通路网络是单招全国级经销商还是省市级经销商一起招，经销商是越大越好还是适可最好，是全面开花还是重点“精确打击”，是走商超还是分享或并轨，这些都必须仔细思考。

（4）掌控招商关键环节系统。

招商是一项系统复杂的大工程，事项多、时期长、投资大，核心强化的是细节（环节）性。“细节性”包括招商目标定位、经销商标准确定、评选经销商策略、邀约步骤、招商掌控（包括投资、终端、服务等掌控）、招商培训辅导、招商政策、招商书制订公布、合同权利义务、签约规范、招商会筹办、媒体广告计划、招商费用预算、利润（扣点）分配统筹、经销商手册汇编、单位时间铺货率、目标销售量、串货管理、欠账追款方法、违约处理、风险规避机制等。这些招商细节必须准备就绪，缺一不可，滞后也不行，且必须了然于胸，随时掌控。

（5）打造招商执行力系统。

描绘再美好的招商理想，制订再完美的招商细节，如果没有完善有效的执行力，就如空中楼阁，无从谈起。从一定角度而言，执行力是企业招商最大的软肋。执行力的核心强化“言必行，行必果”，推行招商首负制，目标到位，责任到人，谁的担子由谁挑，层层分解，层层落实，慢一步怎么办，少一步怎么办，错了又怎么办，要令行禁止，使执行充分有效，招商才能结出硕果。打造招商执行力的另一个关键配套举措是，构筑服务于经销商的“手把手”联销模式并提供操作方案，譬如二批商怎么拉，卖场怎么搞，顾客怎么引，促销怎么推，渠道怎么护，串货怎么控，使经销商有了信心，整个代理产品才能联动起来。招商执行力最忌“剃头担子一头热”，而必须厂商“两手硬”，才是招商的“硬道理”。

（6）制订经销商标准系统。

招商就如找对象谈恋爱结婚生子，非常重要。经销商的制订择用，关系到后期招商政策的制订执行、分销网点覆盖目标市场的密度、销售目标业绩，乃至今后的经销商辅导与支援、激励、控制等工作的进展。通常经销商制订主要内容有：经销商原则、选择条件、判断标准以及经销商调查、评定与甄别等。

（7）规避招商风险系统。

招商是一项复杂的系统工程，从招商之始，机会与挑战，成功与失败就交织并存。一个精明的厂家招商伊始，就应未雨绸缪，及早应对，建立招商风险预警机制，防患于未然，而不是亡羊补牢。招商风险主要有：产出比严重失衡、储备资金匮乏、新产品受欢迎率低、倒流串货、赖账欠款、经销权争议、商家怠工、不可抗拒事实以及其他合同预见的风险等。

创建规避招商风险机制就要针对招商风险中的具体问题因时（地）制宜，对症下药。规避招商风险还特别强调“后招商”。一些厂家往往急功近利，想一口吃成胖子，为一时失利所吓倒，就草草散架，在快到项目成功临界点时功亏一篑。因此，“后招商”主旨是“毅力、恒心、评估、修善”，修正前期招商失误，继续推进招商。

（8）写好招商书系统。

“佛靠金装，马靠鞍”。招商书是企业的一个对外信息窗口，代表企业的形象，写好招商书，是成功招商的又一前提。招商书切忌空谈，讲求实效、专业对口。遗憾的是，一些企业舍得花大钱做广告、促销、宴请等，但在招商手册上懒得花工夫，招商手册粗劣低级，不知所云，使整个招商计划大为掉价。

（9）招商会议组织是否专业。

不成功的企业招商会常出现如下几个问题。

○所邀参会的经销商的识别调查信息跟踪、会前沟通未到位，对所来经销商的人数、质量、类别、分布、实力、心态及所关心的问题和疑虑心中无数。

○会议的内容结构、流程设计不合理，主讲老师的综合素质不高，有关公司的产品、营销模式、政策的演讲介绍缺乏策划及针对性，索然无味，未能激发经销商浓烈的兴趣。会议开完，经销商的疑虑不仅没有消除反而顾虑增加。

○对经销商的顾虑、疑问准备不足，常被经销商问的卡壳，或不能自圆其说。

○缺乏对会议整体组织的驾驭能力，缺乏对参会经销商有意识的管理引导，致使个别心态偏激的经销商反而操纵了会场气氛，造成会议整体被动局面。

如果出现了以上几种情况，签约效果就可想而知了，那样即使前面工作组织得再细致，招商结果都很难乐观。

销售冠军读后感悟		
序号	读后感悟	智者之心声
01	您的高看法	
02	您的新想法	
03	您的好建议	
您智慧的发现		

第四招　招商团队快准狠，分工明确KPI

打造与组建企业招商精英销售团队是招商成功的核心，必须快准狠，精准出击，团队成员必须分工明确，责任到人，事项到位，标准统一，流程标准，业绩KPI，你争我赶，勇冠三军。

1. 招商会议流程制订

成功的招商怎么组织呢？关键是要深刻理解经销商的心理状态和利益点。从而使会议的内容、程序及组织有针对性。一般情况下，经销商只要来参会，都抱着想抓住机会赚钱发展的心理。而能够激发经销商兴趣的则是：

○ 此产品是否有前景，是否有销售力，是否是爆品，好赚钱。

○ 利润空间是否够大，是否有钱可赚，盈利是否最大化。

○ 推广支持是否周密可行，支持力度是否大，能否到位，关键是要能执行落地。

○ 此企业是否有实力、信誉、承诺能否兑现（包括支持、协销承诺及经销商风险控制承诺等）。

同时，这些问题又成为经销商的疑虑。因此，经销商的签约与否实际就是企业能否利用招商工作及招商会议最终使经销商的理性天平更多地偏向信任一面。

2. 招商会议流程要点

招商准备工作要细致周密。

（1）招商会议的主题、内容、流程、策略、方法、形式、设计准备必须专业，要有针对性。

（2）招商工作全部流程都要严密，不可轻视，比如，接电话是否专业，是否与公司要展示的形象相匹配、相应和；企业的一些小物品的设计是否统一，如给经销商寄信的信封、写信的信笺是否VI统一等。看到某个企业宣称要斥巨资投入广告，并有完善的营销策划及执行管理体系支持，但经销商所收到的招商手册、信笺、信封的VI都是混乱不清的，这就很难让人相信其策划和推广实力了。类似的细节在招商流程管理中都是至关重要的。

3. 如招商流程核心6大点

（1）氛围布置：会场布置“高大上”是招商成功的关键。

（2）团队展示：招商会企业的团队实力展现相当重要，与后续新产品开发、生产制造、客户服务等能否跟上有很大关联。

（3）品牌规划：招商品牌规划是关键，规划好了，对未来的市场销售起到强大的推广作用，直接影响消费者的视觉效果。

（4）客户互动：全方位地与参会客人互动沟通，增加认知度。

（5）政策制订：营销政策的制订是非常关键的一环，营销政策也就是商业模式与盈利模式。

（6）产品体验：产品体验是招商成功的关键环节，体验好了，招商自然成功。

4. 成功招商密码

（1）圈：客户定位是关键，渠道挖掘资源最重要。

（2）选：客户的需求初步筛选，选择活动的类型。

（3）锁：如何锁定活动的目标，活动引爆点策划，活动信息如何快速传播，活动期间人员的激励，员工活动技能的锁定。

（4）引：精准电话营销的五个步骤，准备销售话术，训练销售话术，锁定目标，精准销售成交邀请参会，人数质量与数量统计分析。

（5）聚：氛围的布置，物料的准备，销售工具的准备，活动流程的设计，人员分工。

（6）黏：活动总结，会后继续跟进。

销售冠军成交智慧

有很经典的三句话：

（1）舞台再大，你不上台演讲，永远是个观众。

（2）平台再好，你不参与，永远赚不到钱。

（3）胆子再大，你不敢闯，永远展示不了自己的实力。

只有敢试、敢干、敢闯的人才会成功！

销售冠军读后感悟		
序号	读后感悟	智者之心声
01	您的高看法	
02	您的新想法	
03	您的好建议	
您智慧的发现		

第五招　邀请客户聚焦点，分批路演成交先

1. 造势宣传

招商必须提前三个月开始招商宣传、造势、推广，这是成功招商的关键。

（1）邀请函制作（可放在微信里），通过线上线下陆海空进行全面宣传推广。

（2）微信宣传（实时信息推送），微信是最好的线上社区式营销利剑，成本低，效果显著，方便快捷。

（3）短信编辑，软文短信、QQ营销、微博营销、社群营销、各类网络营销等。

（4）客户群里炒作，可以在一些社区群、品牌营销微信群、研讨会商务会微信群进行宣传。

（5）公司内部全部动员，所有公司人员都做全面宣传、推广，为招商准备。

2. 客户邀约

（1）每隔三至五天汇总更新一次数据，从数据中分析参会客户情况，更好地引爆业绩。

（2）电话模板（结合客户的问题），统一沟通电话话术，增强销售专业能力。

（3）短信（微信）模板士（结合客户的问题），所有与客户沟通、交流都统一话术。

（4）意向客户的拜访（客户分析，现场搞定），大客户拜访是很重要的一个环节。

（5）你的状态决定你的结果，邀约客户一定要有良好的职业心态与积极的销售态度。

3. 会前确认（前一天）

4. 会中跟进（会议中各项跟进是会议成功的重点）

（1）座位安排，参会客户、重要人员、参会嘉宾等。

（2）房间安排，水果、点心、老带新等细节性安排工作都很重要。

（3）用餐，意向客户的陪同，用餐成交法。

（4）催场及时，主持人与讲师密切配合，使会场销售气氛达到高潮。

5. 会后跟进

会后跟进是销售又一次的开始。

（1）当晚总结会，将没成交的客户再度成交，持续跟进进销讲售。

（2）酒店大堂接待，也是销售成交的一部分，会议接待与安排必须专业人员负责。

（3）展厅洽谈，招商会议安排专业人员进销讲售专业洽谈，特别是针对大客户销售。

（4）下市场精准拜访，后续对大客户、重点客户等进行营销与销售。

招商案例：×××企业2017年招商会全面策划执行实操方案

一、招商会议总则

1. 激发经销商对“×××”“×××”品牌的投资信心

○ 2017年品牌新战略升级的体现。

○ 企业核心文化的深入。

○ 2017年品牌升级传播实力巨作。

2. 达成订货销售目标

○ 市场竞争动态信息概述。

○ 新产品信息准确、有效的传递。

○ 最新终端营销政策的宣传。

二、招商会议目标

（1）通过全方位的信息传递，给代理商、经销商足够的市场信心，以强大的品牌公司形象和卓越的新产品促成“×××”“×××”品牌投资风暴及现场订货风暴的产生。

（2）让每个经销商、合作伙伴感受到“×××”“×××”是凝聚力非凡的团队，“×××”“×××”带给他们的不仅是商业上的利润，而且“×××”“×××”是大家事业腾飞的舞台。

（3）通过举行新品发布会，增强“×××”“×××”在行业内的影响力。

三、招商会议策略

1. 沟通要素

○ 2017年主推的新款产品。

○“×××”“×××”品牌战略升级核聚变。

○ 2017年营销的战略力作。

2. 沟通要点

○ 市场细分的流行趋势及“×××”“×××”发展机遇。

○ 商务时尚的产品设计，诱人的商机。

○ 品牌战略升级的推广。

○ 新营销团队工作的力量。

四、招商会议日期

如：2016年9月18日中午前报到，18日下午 15:30～18:30开营销会议，19～20日订货会，21日上午12点前经销商退房，总公司工程部12点后安排撤场。

五、招商会议地点

×××大酒店

六、招商会议组织架构

2017“×××”“×××”春夏招商会议订货会项目组工作安排

项目组	负责人	联系电话	项目组组员	主要负责事项
总监控	企业董事长或负责人		根据需要安排	1. 负责订货会活动流程全程统筹、监控
				2. 突发大事件的决策，处理会议期间发生的临时紧急事件
				3. 所有人员总调度
				4. 各项政策、规定的制订和审核
				5. 重要人物的接待
				6. 确定各中心主讲内容（产品开发、营销）
总执行	营销总裁或负责人			1. 组织及分派、调动各成员组筹备及会议期间各项工作
				2. 协调、监控各成员组筹备及会议期间各项工作进度
				3. 负责本次会议各项活动的总协调及执行组织
				4. 负责本次活动所有项目组人员工作跟进
				5. 本次会议整体费用预算监控
会务/后勤组人				1. 确定会议场地
				2. 会议整体费用预算
				3. 会议内部动员大会主持
				4. 营销会议主持
				5. 制订会议期间酒店入住安排表
				6. 会议期间车辆安排表及落实会议所需物品（文具、酒水、糖果、咖啡、茶）
				7. 统一发放员工工作证，把客户胸牌与订货指南带到酒店（需提前一天分好并用袋子装好带到酒店）

续表

项目组	负责人	联系电话	项目组组员	主要负责事项
会务/后勤组人				8. 负责会议期间客户及工作人员的用餐安排（需每天用餐前1小时与酒店安排好座位及座位上的指示牌，并于用餐前15分钟提醒营销人员通知客户用餐）
				9. 负责紧急物品的临时调动
				10. 负责会议前后的物品整理、归位工作
				11. 指导和安排、协助后勤组的工作等
				12. 欢迎晚宴现场指挥
				13. 会议结束客户退房
开发/商品组				1. 负责2017春夏产品企划
				2. 负责2017春夏产品管理指导
				3. 主推产品开发与设计
				4. 会议筹备期间样品的开发、组织和安排
				5. 会议现场布展规划方案
				6. 会场产品分布方案
				7. 确定挑选产品款数及2017春夏产品搭配手册方案
				8. 提供2017春夏产品流行趋势及主推产品内容给营销中心、品牌部
				9. 确定培训主讲内容（开发方向/2017春夏设计要素/产品订货指导）
				10. 提供2017春夏产品结构及价格等情况给营销中心
				11. 落实所有参会产品吊牌的确认、产品资料表的提供

续表

项目组	负责人	联系电话	项目组组员	主要负责事项
开发/商品组				12. 产品基础资料录入系统（编号确认，中途增加的款号、更改价格等资料需出书面通知，并由总办签名确认方才生效）
				13. 订货样品确认打包托运
				14. 全面配合和参与陈列组的工作
				15. 产品、陈列、推销技巧等订货前现场人员内训
				16. 在会议期间负责产品的介绍、指导
				17. 收集、处理客户对产品的反馈信息等
				18. 订货会结束后样品打包
订货组/公关组	分公司			1. 负责订单的分发、审单
				2. 现场订货区域产品的介绍和维护
				3. 对客户进行分批、分厅及日程安排
				4. 制订订货指南
				5. 负责和客户洽谈、沟通，疏通参会事宜和协助接待工作
				6. 协助各项目组的工作
				7. 全面配合和参与陈列组的工作
				8. 整理客户本次订货以外提交的经营问题
				9. 提供客户胸牌的颜色代表对照表和数量及所需文具等物品的数量给后勤组
				10. 协助欢迎晚宴现场
				11. 订货会现场总指挥（现场维护、协调、秩序维护和安全保卫工作）

续表

项目组	负责人	联系电话	项目组组员	主要负责事项
陈列组				1. 负责展厅产品的陈列布置
				2. 负责模特的搭配与穿着
				3. 根据需要向布展组提出修改意见
				4. 协助开发组编制2017春夏产品搭配手册方案
				5. 订货会所需陈列道具及价格表报总办
				6. 产品陈列、推销技巧等订货前现场人员内训
				7. 撤展（陈列道具及模特打包）
布展/宣传组人	企划策划公司			1. 订货会主题方案
				2. 接待客户的指示牌、代表证、参会证的制作
				3. 订货会酒店宣传、规划及设计方案
				4. 订货促销品及价格表报总办
				5. 根据开发组提供的2017春夏产品流行趋势及主推产品设计POP等宣传品（包括布条、警示牌、室内喷绘画等）
				6. 根据订货组提供的订货指南修改版面并按营销提供的数量制作成册
				7. 落实胸牌、工作证、温馨提示并交行政部（温馨提示需注明各项目负责人的姓名与电话）
				8. 欢迎晚宴及培训会现场布置
				9. 负责现场摄影、摄像、新闻采集工作
				10. 会议期间宣传设施维护等
				11. 所有广告、宣传工作的协调

续表

项目组	负责人	联系电话	项目组组员	主要负责事项
道具组				1. 订货现场平面图纸设计及工程报价（图纸、时间）
				2. 协助订货会现场布展规划方案
				3. 现场货柜道具安装、灯具的调配及安装
				4. 现场货柜、道具、灯具订货会期间的维护
统计组人	客服事业部		统计人员：	1. 协助订货会的整体费用预算
				2. 落实现场电脑、打印机的安装和维护
				3. 负责订货会客户订单数据汇总
				4. 确保统计数据的及时、准确完成（能在第二天知道第一天的订货结果，便于订货组根据订货数据推动客户再订货）
				5. 负责与订货组的订单数据正确交接
				6. 负责收集、录入、审单、汇总

七、招商会议主要活动项目

1. 会议入场仪式　　　　　项目负责人：营销总经理

2. 2017年营销策略、政策发布会　　　　项目负责人：营销总经理

3. 2017春夏产品订货与商品管理指导　　项目负责人：设计总监

八、招商会议媒体传播方案

服装内衣秀，服装内衣世界报，服装内衣频道，广州电视台新闻频道，珠江电视台，内刊

户外广告：全国专卖店横幅告示：热烈庆祝“×××”“×××”2017年春夏订货会盛大召开！

注：媒体细案待定

九、招商会议参会人数

代理/经销商：　　人；　　工作人员：　　人；

嘉宾/协力商：　　人；　　预计总数：　　人。

十、招商会议会前筹备工作进度表

序号	内容及计划	“×××” “×××”负责人	完成时间	完成情况
1	确定订货会主题	企业总监	6.17	
2	整理所有产品样衣及图文资料（册子）	设计事业部	7.10	
3	确定订货会场	总裁办	6.20	
4	活动策划方案及执行方案	营销总监	6.19	
5	订货会现场布展规划方案	外协企划策划公司	6.25	
6	订货会产品分布方案	设计事业部	6.30	
7	陈列产品及产品陈列主题规划落实	商学院老师	6.25	
8	参与订货会项目人员编排（含订货现场人员名单）	营销总裁	6.30	
9	会务期间会议方式、就餐方式和菜单的初步敲定	企划总监	6.25	
10	订货会的整体费用预算	财务事业部	6.22	
11	胸牌设计	企划总监	6.22	
12	邀请函设计	企划总监	6.20	
13	订货现场平面图纸设计给营销中心	企划总监	6.20	
14	对客户进行分批、分厅及日程安排	XXX南北区，营销总经理	6.30	
15	确定挑选产品款数、编号和价格等基础资料、货期预计表整理	商品研发事业部	7.2	
16	2017春夏订货目标	总裁办	6.25	

续表

序号	内容及计划	“×××” “×××”负责人	完成时间	完成情况
17	订货会工作服设计图样及王者争霸赛礼服提交至总裁办	企划总监	6.28	
18	订货现场平面图纸设计确认稿及工程报价（图纸、时间）	企划总监	6.24	
19	设计橱窗主题		6.28	
20	营销中心下单生产客户制服数量，人力中心下单生产公司员工制服数量	营销事业部/企划事业部	6.25	
21	推广的稿件确定	企划事业部（文案组）	7.11	
22	邀请函发出	品牌营销事业部	7.1	
23	订货会产品成本报价，制订产品零售价	商品研发事业部	7.10	
24	订货会场所需陈列道具、促销品及价格表报总裁办	企划事业部	6.30	
25	订货会酒店宣传、规划及设计方案	外协企划策划公司	6.29	
26	订货会制服总办确认图纸提交至生产中心并下单工厂	企划事业部/营销事业部	6.25	
27	提交橱窗设计图纸给到开发中心，共同选择衣服搭配，并为选中的衣服加制一套板用于陈列	企划事业部	7.1	
28	订货会系统方案确定	企划事业部/营销事业部	6.22	
29	现场模拟图	外协企划公司搭台策划	6.25	
30	手提袋、参展证、温馨牌	企划事业部/营销事业部	6.25	

续表

序号	内容及计划	“×××” “×××”负责人	完成时间	完成情况
31	主推产品、基本款、促销款、形象款相关资料提供	商品研发事业部	7.10	
32	本地区广告牌的确定	企划事业部	6.20	
33	整理会务报到资料，并予以表格化	企划事业部	7.10	
34	提供2017春夏产品流行趋势及主推款（占15%）、形象款（占10%）、基本款（占5%）产品内容给总裁办、营销中心	商品研发事业部	7.10	
35	提供服装文胸产品的流行趋势和主推产品的面料特性给营销中心、品牌部	商品研发事业部	7.10	
36	2017春夏产品指导手册方案	商品研发事业部及外协部	7.10	
37	嘉宾、领导邀请名单的确定	总裁办/营销事业部	7.5	
38	2017年度营销战略规划与新营销政策规划上交裁办	营销总裁	7.5	
39	确定招商演讲内容（品牌新产品开发、新材料、新营销、新零售等）	商品研发事业部	7.5	
40	确定2017春夏产品流行趋势及主推产品POP方案	商品研发事业部	7.12	
41	提供2017春夏产品结构及价格等情况给营销事业部	商品研发事业部	7.10	
42	订货指南、订货须知及要求的汇编给到营销中心确认	商品研发事业部	6.30	
43	动员大会召开（汇报工作及下阶段工作计划）	企划事业部总监	6.25	
44	客户人员数量、性别、到达时间的确定给到行政部	营销事业部/企划事业部	7.13	

续表

序号	内容及计划	“×××” “×××”负责人	完成时间	完成情况
45	提供胸牌的颜色代表对照表和数量及所需文具等物品的数量	企划事业部/营销事业部	7.3	
46	订货会酒店入住安排表及订货会期间车辆安排表确认	企划事业部/营销事业部	7.3	
47	落实胸牌、工作证、温馨提示并交行政部（温馨提示需注明各项目负责人的姓名与电话，行政部放于每间房内）	企划事业部/总务事业部	7.8	
48	现场布展物料及相关宣传品设计画面延展	企划事业部/总务事业部		
49	酒店报到处及酒店横幅等相关宣传品的准备	企划事业部/总务事业部	7.10	
50	落实订货会所需物品（手挽袋、会务日程活动资料、写字板、A4纸、笔、计算器、参会证、酒水、糖果、咖啡、茶）	企划事业部/总务事业部	7.3	
51	会务期间菜单的最终确定	企划事业部/总务事业部	7.12	
52	落实所有参会产品吊牌确认、产品资料表并提供给总裁办	研发事业部	7.5	
53	会务空白纸张的准备	企划事业部/总务事业部	7.16	
54	会务组成员接待的培训演练	企划事业部/总务事业部	7.4	
55	协助拟定“合影序项”的安排	企划事业部/总务事业部	7.8	
56	产品基础资料录入系统（编号确认，中途增加的款号、更改价格等资料需出书面通知，并由总裁办签名确认方才生效）	客服事业部	7.13	

续表

序号	内容及计划	“×××” “×××”负责人	完成时间	完成情况
57	工衣做好并返回公司交给行政事业部	企划事业部/总务事业部	7.1	
58	现场货柜道具安装、橱窗货柜道具安装、培训会现场布置	企划事业部	7.15	
59	订货会工作人员现场工作安排	企划事业部/总务事业部	7.17	
60	会务资料发放登记表、押金收取收据的准备	企划事业部/总务事业部	7.16	
61	订货会布展用具准备（会场喷绘、布条等）	企划事业部/总务事业部	7.15	
62	场地布置、物料、车辆、人员配置盘点、确认	企划事业部/总务事业部	7.13	
63	客户对产品的反馈意见表格电子版给到行政部打印	客户服务事业部	7.18	
64	订货样品整理、分类确认和模特、衣架确认打包托运	物流事业部	7.13	
65	进场安装货柜	企划事业部	7.15	
66	参会统一制服交接到会务组	企划事业部	7.5	
67	订货会内部动员大会	企划事业部/总务事业部	7.6	
68	落实现场电脑、打印机、文具用于统计工作、人员安排及电脑安装	总裁办、企划事业部	7.5	
69	召开统计组成员会议，布置各人员分工和职责	企划事业部/总务事业部	7.6	
70	落实酒店现场布置工作	企划事业部/总务事业部	7.15	

续表

序号	内容及计划	"×××" "×××"负责人	完成时间	完成情况
71	统一发放员工工作证，把制服、客户胸牌、订货指南、客户反馈表带到酒店（需提前一天分好并用订货会袋子装好带到酒店）	企划事业部/总务事业部	7.15	
72	接机牌、会务专用车牌发放	企划事业部/总务事业部	7.15	
73	查询天气情况，做好相关应变方案	企划事业部/总务事业部	7.15	
74	产品换标整烫、分类上架，模特摆放、产品布展陈列	商品研发事业部	7.17	
75	产品、陈列、推销技巧等订货前现场人员内训	商学院讲师	7.16 上午	
76	对代理商进行会前沟通	各事业部/办事处人员	7.16 下午	
77	营销会议（具体见会议议程）	营销事业部	7.16	区域
78	欢迎晚宴现场总指挥	营销事业部总裁	7.17	
79	欢送晚宴现场总指挥	企业执行总裁	7.17	
80	在会议期间负责产品的介绍指导	营销事业部总经理	7.18	
81	收集客户对产品的反馈意见	品牌客服事业部	7.18 ~ 7.19	
82	订货会现场总指挥（产品—事业部，营销—事业部，后勤—事业部）	营销事业部总裁	7.18 ~ 7.19	
83	订货会现场统计工作及审单	审计客服事业部	7.18 ~ 7.19	

续表

序号	内容及计划	“×××” “×××”负责人	完成时间	完成情况
84	与所属营销人员沟通，解决代理商订货量是否达到店铺标准订量	营销事业部	7.10～7.14	
85	订货会现场企划、摄影、拍照安排工作	企划事业部	7.16	
86	加盟商退房	企划事业部/总务事业部	7.19	
87	区域代理补单	营销事业部	7.19上午12点前	
88	撤场	企划事业部/总务事业部	7.19上午	
89	自营部自定货、办事处自营店汇总修正	办事处，分公司	7.19下午	
90	统计汇总完毕	客服事业部统计组	7.21	
91	批板后下单给生产中心同时进行	财务组/客服组	7.22	
92	做市场推广销售计划书报营销总裁审批	商品事业部/小组	7.25	

十一、招商会议议程

日期	时间	会议内容	负责人
7月16日上午至下午17：30	全天	各地经销商报到、领取会务资料、文具、制服、交押金、取门卡入住	×××
7月17日上午	9：58～10：15	各客户入场仪式	×××
	10：15～10：18	主持人致欢迎辞	
	10：20～10：35	企业董事局主席、董事长致欢迎辞	

续表

日期	时间	会议内容	负责人
7月17日上午	10：35～11：30	全体经销商/客户/行业精英参观公司大楼	
	11：30～13：00	大酒店中餐	×××
	14：30～18：00	2017招商会新品静态订货会	×××
	18：30～21：00	2017年公司招商会议晚宴峰会	×××

十二、招商会物料明细

分类	项目内容	数量	负责人	完成时间
	董事长发言稿	1		7.3
	主持人主持概要	1		7.3
	酒店房间登记表格			7.5
	客户反馈表（产品、服务）			7.5
	营销会议各报告人稿件			7.2
	订货指南			7.10
	全体参会者名录整理			7.12
	产品说明文案提供			7.12
	硬性广告稿			7.8
	活动控制手册			6.20
设计印刷品	手提袋（环保手提袋）			7.6
	空白纸张			7.2
	便笺纸			7.9
	邀请函设计			6.22
	欢迎卡设计			6.22
	胸牌（工作证、嘉宾证、经销商证）设计			6.23

续表

分类	项目内容	数量	负责人	完成时间
招商会喷绘展架	公司、酒店欢迎条幅设计			6.28
	欢迎彩旗设计			6.28
	户外广告画面设计			6.26
	主形象广告喷绘设计			6.26
	会议背景板设计			6.26
	流水牌（签到处、接机牌、嘉宾席产品区域牌）设计			6.26
	形象画拉网展架设计			6.26
参会物品	工作制服设计			6.25
	文具			6.28
	胸牌套			6.28
	写字板			6.28
	签到笔，铅笔等			6.28
招商会其他	迎宾牌设计			6.26
	品牌旗帜设计			6.26
	办公用品（打印纸、剪刀、双面胶、回形针、订书机、涂改带等）			6.28
	矿泉水			7.5
	数码相机、摄像机、录音笔			7.5
	扩音喇叭/粉笔/口哨			7.5
	礼仪小姐联系确认			6.30
	造势短片			7.5
	订货会现场产品橱窗表现方案			7.1

十三、订货会现场工作人员安排（×××人）

<table>
<tr><td colspan="2">负 责 人：订货会现场的订货统筹工作及订货组产品组人员安排工作
现场指挥：订货会现场的管理、协调、秩序维护和安全保卫工作
产品协助：订货会现场产品推介及产品组人员协调工作
接　　待：
打 吊 牌：
机动人员：</td></tr>
<tr><td>第一号厅（系列厅）</td><td>第二号厅（系列厅）</td></tr>
<tr><td>现场负责人：
产品负责人：
协助人员：</td><td>现场负责人：
产品负责人：
协助人员：</td></tr>
<tr><td>第三号厅（系列厅）</td><td>第四号厅（系列厅）</td></tr>
<tr><td>现场负责人：
产品负责人：
协助人员：</td><td>现场负责人：
产品负责人：
协助人员：</td></tr>
<tr><td colspan="2">备注：以上各订货区厅均按照各系列产品陈列要素进行陈列，请各现场负责人按照系列之主题行进跟客户沟通！</td></tr>
</table>

<table>
<tr><th colspan="3">销售冠军读后感悟</th></tr>
<tr><th>序号</th><th>读后感悟</th><th>智者之心声</th></tr>
<tr><td>01</td><td>您的高看法</td><td></td></tr>
<tr><td>02</td><td>您的新想法</td><td></td></tr>
<tr><td>03</td><td>您的好建议</td><td></td></tr>
<tr><td colspan="2">您智慧的发现</td><td></td></tr>
</table>

第十一章

公众演说定乾坤，销售冠军天下行

第一招　学习演说先练胆，上台讲演要勇敢

“一人之辩重于九鼎之宝，三寸之舌强于百万之师”。演说是世界上最厉害的武功，它占据你所有能力的70%，更是所有领袖人物的杀手锏……

主持会议需要演说，商务谈判需要演说；

招商销售需要演说，凝聚人心需要演说；

发展创新需要演说，提高执行需要演说；

新品上市需要演说，问题解释需要演说；

大小会议需要演说，企业管理需要演说；

年终总结需要演说，产品路演需要演说；

领导团队需要演说，打通人脉需要演说；

激发士气需要演说，攻战市场需要演说；

销售暴增需要演说，招商引资需要演说；

带领企业需要演说，打造团队需要演说；

整合资源需要演说，跨界发展需要演说。

会演说的企业家影响力比不会演说的企业家影响力至少大1000倍！唱歌可以感动人，演说可以改变人！

公众演说核心智慧：学习演说先练胆，上台讲演要勇敢，演说自信是关键，充满自信与积极热情的心态，多加练习，任何时候一有机会就多上讲台分享与讲演，自然、胆大、心细，演讲演说也就成了一种习惯！

1. 什么是公众演说

公众演说是一门语言艺术，它的主要形式是“说与讲”，即运用有声语言并追求言辞的表现力和声音的感染力；同时还要辅之以“演”，即运用面部表情、手势动作、身体姿态乃至一切可以理解的态势语言，使讲话“艺术化”起来，从而产生一种特殊的公众表达艺术魅力。

对演说者来讲，写好了演讲词，不一定就讲得好，正如作曲家不一定是演唱家一样。有文才，善于写出好的演讲词的人，不一定能讲得娓娓动听。真正的演讲家，既要善写，还要会讲，即既要有文才又要有口才。从某种意义上说，口才比文才更为重要。如果演讲者讲话哼哼哈哈，拖泥带水，“这个”“那个”的一大串，那么，即便有超凡脱俗的智慧，有深刻广博的思想内容，也无济于事。

俗话说，“冰冻三尺，非一日之寒”。想要成就一次精彩的演说或演讲，一方面要注重平日里的锻炼和学习，另一方面也要掌握一定的演讲技巧。

2. 公众演说最大的挑战与困难

○ 自己感觉口才不好。

○ 认为自己的声音不好听。

○ 认为自己长得不够好看。

○ 对演讲的内容不是专家。

○ 台下的人好像比我还懂这个题目。

○ 我不知道会被问什么样的问题。

○ 我每次都会很紧张，没信心。

3. 公众演说的核心智慧

○ 演讲重要的不是你要说什么，而是你要怎么说!

○ 整个演讲成败和效果的关键是演讲者，而不是PPT。

4. 公众演说如何克服恐惧心理

○ 人人都会怯场，怯场是人的本性，自我暗示与深呼吸三次，提升自信度。

○ 不敢在大庭广众面前讲话，你不是特例，名人伟人都有过。

○ 许多演讲家从来就没有消除过对登台的恐惧，只是大小而已。

○ 害怕当众说话不过是对后果的担心，自己是一切问题的根源，解决好自身问题，一切都不是问题。

○ 寻找热情而友好的面孔，锁定粉丝听众，进行目光交流与沟通。

○ 不把听众“放在眼里”，“眼中无人，心中有事”是演说的最高境界。

○ 运用语言暗示减压，认为自己是最优秀的世界演说家与世界演讲专家。

销售冠军读后感悟		
序号	读后感悟	智者之心声
01	您的高看法	
02	您的新想法	
03	您的好建议	
您智慧的发现		

第二招　演讲口才练成精，打开销售成冠军

卡耐基总结：“一个人的成功，15%靠技术知识，85%靠口才艺术。”世界上90%的生意是“谈”出来的，会说话才是硬道理！提升业绩，加薪升职，成为冠军，不仅看你的做事能力，表达演说能力同等重要！把你想说的话，变成对方想听的话，你才能够影响对方！

1. 公众演说口语运用的要求

公众演说口语运用的要求是：吐字清晰、通俗流畅、简洁明快、生动形象、富有哲理。

2. 公众演说态势语言的运用

（1）公众演说者仪表：和谐得体，朴素庄重；从容镇定，可信可敬；尊重他人，一丝不苟；举止文明，谦和有理。

（2）公众演说者眼神。

〇环视法：演讲者在讲台上，用双眼环视听众。

〇点视法：演讲者在讲台上，看向台下其中一个方向或一位听众。

〇虚视法：演讲者在讲台上，看向所有的听众。

〇头视法：演讲者在讲台上，从听众的头部看出去。

以上4种用眼神交流沟通的方法，通常可以提高讲师公众演说的个人魅力与自信度，让公众演说会议更加顺畅、成功。

（3）公众演说者手势：指示手势；感情象征手势；形象手势。

（4）公众演说者身势：自然立正，身体稍前倾，不要左右摇摆。

（5）公众演说的开场白：一是建立说者与听者的同感，诱发听众的浓厚兴趣，抓住人心；二是为全篇演讲定下基调，引入正题，让演说精彩绽放。

以下介绍几种公众演说的开场白。

1）开门见山式。

业绩，这个短促的词句，念起来和它本身一样铿锵有力。业绩，是销售人员时刻不能忘记的，时刻不能离开的。引爆销售业绩，这是对销售人员的敬仰和褒奖，是销售人员良好素质的体现，是生命力、战斗力，是凯旋之师的重要保证。

2）问题引入式。

经销商们，我想提出一个问题，谁能用一个字来概括企业与你们的关系呢?

3）故事开场式。

在我开始正式演讲前，想先给大家讲一个小故事……

4）赞颂式。

当美国宇航员阿姆斯特朗先生从月球遥望人类的故乡——地球之时，他看到了中国的长城。

长城啊长城，你以恢宏的气势和雄伟的风姿，向全世界展示了中国的尊严和气魄；你以博大的胸襟和精神的内涵，向全世界披展了我们民族的胆略与气质。你是我们中华民族的骄傲和象征。

5）魅力渲染式。

三月十四日下午两点三刻，当代最伟大的思想家停止了思想。让他一个人留在房里还不到两分钟，等我们再进去的时候，便发现他在安乐椅上安静地睡着了——但已经永远地睡着了。

6）诗词歌曲引导式。

座右铭是用来激励自己的格言。大凡古今中外仁人志士大都有自己的座右铭。“人生自古谁无死，留取丹心照汗青，”这是民族英雄文天祥的座右铭；“横眉冷对千夫指，俯首甘为孺子牛，”这是伟大的文学家、革命家鲁迅的座右铭。我想，在座的也都有自己的座右铭。

7）悬念式。

我是公司的营销总监，销售业绩对我来说，简直是再重要不过了。从业务员到销售总监，我不知道经历了多少销售业绩增长，从销售主管、经理、总监，一路拼搏，我都带领销售团队完成销售业绩，成为销售冠军。然而不久前，公司新增加的产品销售业绩增长却给了我这样一个教训：它不在市场的客户心里，而在险峻的终端山巅。这里有市场竞争的严峻的激烈竞争，更不允许有半点的马虎大意。这是销售能力与销售策略的考验！这是销售业绩与能力的较量！

（6）公众演说结尾的艺术：一是结尾要有一定的高度，既能照应开头，总结全篇，又要突出重点，深化主旨；二是结尾要自然，不能生截硬断，不能画蛇添足，要给听众以“瓜熟蒂落”“水到渠成”之感；三是结尾要含蓄深沉，使人觉得余味无穷，让听众在反复回味中得到一种心理上的满足。

以下介绍几种公众演说的结尾。

1）总结式结尾。

自豪吧，我们的名字叫销售冠军！

自豪吧，冠军们！因为我们的职业是销售冠军，销售冠军的代名词就是业绩，而这种业绩换来的是我们企业的繁荣昌盛！

2）号召式结尾。

朋友们，让我们携起手来，用我们的销售能力，用我们的全部再打造一个三年销售冠军团队！一个坚不可摧的销售冠军团队！让我们伟大的企业、伟大的品牌，永远立于世界民族强林。

3）决心式结尾。

历史，令我们懂得了国力强盛、国防坚强与国家安宁、人民幸福的修戚与共；现实，让我们知道了建设现代化国防需要的是拥有现代科学文化知识的真正人才！我——一名学生，为我的理想，为我希望的橄榄绿，为创造国防事业更加灿烂的明天，我将努力学习、不断进步、全面发展。

4）余味式结尾。

各位朋友，当我结束自己的演讲，走下这小小的讲台时，如果能听到您热烈的掌声，这无疑是对我莫大的鼓励，无疑会成为我前进道路上的动力。但是，如果您走出会场，回到家里，仍然用“好男不当兵，好铁不打钉”的陈旧观念去责怪您要参军的儿子，责怪您要找军人做丈夫的女儿，那么，我宁愿不要这掌声，宁愿悄悄地、悄悄地走下台。

5）高潮式结尾。

是啊，音乐家奉献美，有了《英雄交响曲》《国际歌》；科学家奉献美，有了卫星、导弹、宇宙飞船；农民奉献美，有了粮食、蔬菜；教师奉献美，有了造福社会的满天桃李；而军人，军人也奉献美，奉献美的生活、美的社会，更奉献个人的利益、生命和家庭。于是，军人的美便在牺牲中崇高无上，便在奉献中灿烂夺目。军人与大山为伍，与蓝天做伴，与碧海相随；军人整齐、和谐、刚毅、威严；军人勇于牺牲和奉献。作为军人，我们可以自豪地说：美在军营，美在军人。

销售冠军读后感悟		
序号	读后感悟	智者之心声
01	您的高看法	
02	您的新想法	
03	您的好建议	
您智慧的发现		

第三招　公众演说是关键，突破恐惧调整先

公众演说是运用有声语言和形体语言，就某个问题向听众说明事理、发表见解的语言艺术。演讲的目的是传递信息、交流思想和表达情感。

是人才者不一定有口才，有口才者必是人才，而且是不可多得的人才。人才是宝，口才是金，拥有口才，就是拥有实力。

1. 公众演说好的内容三个关键点

○ 凤头：开头要精彩亮丽（10%）核心。

○ 龙身：中间要充实丰富（85%）重点。

○ 虎尾：结尾要响亮有力（5%）关键。

2. 公众演说内容架构“三要二性”原则

（1）公众演说魅力：三要。

○ 开场白要有吸引力，画龙点睛，突出核心，绽放精彩。

○ 内容要丰富饱满，逻辑思维要强，讲点价值有意义，立竿见影，深入浅出。

○ 结尾要耐人寻味，回味无穷。

（2）公众演说魅力：二性。

○ 知识性：理论知识与实践知识系统相结合，成为卓越演说家。

○ 趣味性：情感连接，语言幽默，精彩演绎，方能恰到好处地吸引听众的关注。

3. 公众演说魅力如何让演讲内容有血有肉

○ 议论（骨）：简洁明快、鞭辟入里，层次分明，语意深重。

○ 描述（肉）：具体生动、真实感人，情景共融，内容提要。

○ 抒情（血）：有感而发、淋漓酣畅，情真意切，高山流水。

○ 立意（魂）：鲜明深刻、新颖独特，言简意赅，核心力量。

4. 销讲演说魅力如何让内容更有说服力

用数字说话、善用故事启发、善用案例说问题、多用感官词，形象生

动、细节、对话，增加渲染力、情理结合、注重逻辑性，言之有据。

让您的声音更具魅力的七大法则：语音准确、吐字清晰、声音响亮、表达流畅、节奏起伏、感情充沛、口气自然。

销售冠军成交智慧

80%的机会都是“争取”（演说）来的！职场打拼的你是否有实力脱颖而出，赢得赏识？

80%的业绩都是“谈出”（演说）来的！谈判桌上你是否有魄力独当一面，签下百万大单？

80%的人才都是“感召”（演说）来的！管理层的你是否有能力影响员工，树立威信，建设团队？

80%的投资都是“吸引”（演说）来的！创业起步你是否有魅力拓展人脉、聚拢资源，为己所用？

搞事业，第一要胆识，第二要口才（演说/演讲）！

管员工，第一要智慧，第二要口才（演说/演讲）！

谈业务，第一要人脉，第二要口才（演说/演讲）！

做管理，第一要能力，第二要口才（演说/演讲）！

做企业，第一要智慧，第二要口才（演说/演讲）！

你的声音传播多远，你的舞台就有多大，事业就有多成功！

你的思想能够影响多少人，你的事业就有多宽广；你的演说有多大魅力，你的事业就有多成功！

销售冠军读后感悟		
序号	读后感悟	智者之心声
01	您的高看法	
02	您的新想法	
03	您的好建议	
您智慧的发现		

第四招　逻辑思维是重点，演讲内容节奏感

公众演说魅力理性表达是高级演说最重要的核心力量，将演说推向一个更高的高度，魅力绽放。

1. 公众演说魅力五大公众演说风格

○ 激情型：讲话大声，有激情。

○ 严谨型：逻辑清楚，数据明确。

○ 柔和型：温柔可人，魅力绽放。

○ 幽默型：爱开玩笑，幽默调侃。

○ 诚恳型：彬彬有礼，专业专家。

2. 公众演说魅力语音、语调使用技巧

○ 公众演说魅力之一：吸引——高音、停止，彰显公众演说魅力的核心。

○ 公众演说魅力之二：明晰——减速、重音，突出公众演说魅力的主题。

○ 公众演说魅力之三：强化——重音、高音，重点显示公众演说魅力的关键。

○ 公众演说魅力之四：激励——加速、高音，造势公众演说魅力的核心竞争力。

○ 公众演说魅力之五：感动——低音、减速，突破公众演说魅力的核心思维。

3. 公众演说魅力决定演讲成功的三大要素

○ 公众演说魅力秘籍之内容：7%。

○ 公众演说魅力秘籍之语音、语调：38%。

○ 公众演说魅力秘籍之肢体语言：55%。

4. 公众演说魅力快速思维技巧

五借：借人发挥，借物发挥，借事发挥，借景发挥，借题发挥，找出话题。

（1）公众演说魅力秘籍之借“人”：从现场的人物出发捕捉话题。可以从前面演讲者的话语中引申、发挥，讲出新意，给人启迪，也可以借助主持人、自己、听众开篇。

我是一个两岁孩子的父亲，我知道，在一个孩子一岁半到两岁之间，没有母亲在身边，对母亲来说是怎样的一种疼痛，我愿意把我心中所有的掌声，都献给前面的选手。——白岩松“演讲与口才杯”比赛

（2）公众演说魅力秘籍之借“物”：抓住某物在特定场合、特定时间下的象征意义，借题发挥。

今天，我参加“钻石表杯”业余书评颁奖大会，我想说的一句话是：钻石代表坚韧，手表意味时间，时间显示效率。坚韧与效率的结合，这是一个人读书的成功所在，一个人的希望所在。

（3）公众演说魅力秘籍之借“事”：以突发的事件为即兴演讲的由头。

1941年12月7日，日本联合舰队袭击美国太平洋舰队基地珍珠港。

美国总统罗斯福以最快速度发表《一个遗臭万年的日子》的演说：

昨天，1941年12月7日——一个遗臭万年的日子——美利坚合众国遭到了日本帝国海空军部队突然和蓄谋的进攻。

……

昨天，日本政府已经发动了对马来亚的进攻。

昨夜，日本军队进攻了香港。

昨夜，日本军队进攻了关岛。

昨夜，日本人进攻了菲律宾群岛。

昨夜，日本人进攻了威克岛。

今晨，日本人进攻了中途岛。

……

我要求国会宣布：自1941年12月7日——星期日日本进行无缘无故和卑鄙怯懦的进攻时起，合众国和日本帝国之间已经处于战争状态。

（4）公众演说魅力秘籍之借“景”：以会场的环境或周围某种氛围为点，引出演讲话题。

我来参加会议，没有想到，有这么好的会场。这个会场，不要说是上海市企业报记者协会成立大会，就是上海市记协成立大会也可以在这里召开。没有想到，有这么多的企业报记者、编辑参加这个大会，它说明企业报的同仁是热爱自己的组织，支持这个组织的。没有想到，今天摆在主席台上的杜鹃花这么美丽。鲜花盛开标志着企业报记者协会也会像这杜鹃花一样兴旺、发达……——原解放日报总编辑王维

（5）公众演说魅力秘籍之借题发挥。

有一次，郁达夫应邀演讲文艺创作。他上台在黑板上写了“快短命”三个大字，台下的听众都觉得很奇怪。他接着说：

“本人今天要讲的题目是《文艺创作的基本概念》，黑板上的三个字就是要诀。‘快’就是痛快；‘短’就是精简扼要；‘命’就是不离命题。演讲和作文一样，也不可以说得天花乱坠，离题太远。完了。”

5. 公众演说魅力秘籍之黄金三段式

○一词三解释，如：用“感谢”一词说三句话。

○词组三段式，如：祝贺，感谢，希望。

○逻辑三段式，如：首先，其次，再次。

○时间三段式，如：过去，现在，未来；昨天，今天，明天。

○数字三段式，如：一、二、三。

○修辞三段式，如：排比、比喻、象征等。

6. 公众演说魅力秘籍四思

四思：逆向思维、纵深思维、发散思维、综合思维。

（1）逆向思维：是指从相反方向思考问题，提出与之相对或相反的观点。

注意：观点必须持之有据，能够自圆其说。

（2）纵深思维：从一般人认为不值一谈的小事，或无须作做一步探讨的定论中，发现深层的被现象掩盖着的事物本质，即“透过现象看本质”。

（3）发散思维：是从同一问题中产生各种各样的为数众多的答案，在处理问题中寻找多种多样的正确途径。多端、灵活、精细、新颖是它的特点。

一题多法的扩散、一物多变的扩散、一因多果的扩散、一形多物的扩散、一物多形的扩散

（4）综合思维：是前面三种思维的综合运用，事实上我们在思考问题时，一般情况都是将各种思维综合在一起使用的。

7. 公众演说魅力秘籍之三定——话题、观点、结构

（1）开门见山式：也叫金字塔式。方法为：先亮出主题，然后对主题作较详细地论证和说明。

（2）曲径通幽式：也叫卡耐基“魔术公式”。

○先举一个具体的实例，把你想要听众知道的事透露出来。

○叙述主旨、要点，明确地说出你想让听众做的事。

○说明理由，进行分析，采取集中攻破的方式来处理。

（3）公众演说魅力秘籍之快速思维的路线：观察—抓话题—定观点—扩展语—语序排列—表达。

销售冠军成交智慧

你是否曾因恐惧舞台，而无奈放弃了登上舞台展示自己的机会？好产品没卖出好价钱？

你是否曾因自己不善于演说演讲，而在公众场合形象顿失？精彩全无？

你是否曾在台下准备充分，知无不言，言无不尽，滔滔不绝，而一上台就语无伦次？

你是否曾因不擅长演讲演说，自卑、恐惧、痛苦、自信受损？不能自拔？

你是否曾因不会演讲演说，而无法激励带领你的团队，业绩不好，战斗力不高？

你是否曾因不会演讲演说，而无法扩大自己的影响力与个人魅力，导致人脉资源顿失？

你是否曾因不会演讲演说，而无法提升公司品牌影响力，打不开市场与渠道？

你是否曾因不会演讲演说，而无法招商引资，无法管控经销商，更无法全面引爆销售业绩，提高盈利能力？

“是人才不一定有口才，有口才一定是人才”！

你知道所有成功的企业家、高级职业经理人、商业精英、社会名流等，为什么都那么有魅力和影响力吗？那就是他们拥有一流的公众演说能力、公众演说智慧！

你的声音传得有多远，你的舞台就有多大！

〇言之有技：要会说话，更要说好话。

〇言之有力：要打动人，先给自己打足气。

〇言之有情：会说话的人，能把话说到对方心窝里。

〇言之有趣：愉人悦己，幽默谈吐自有魅力。

〇言之有蜜：话如品茗，会赞扬更要巧批评。

〇言之有别：话随人变，到什么山头唱什么歌。

〇言之有计：耍点诡计，用你的“嘴”说动别人的心。

〇言之有依：有理有据，谈判说服巧攻心。

〇言之有隐：嘴上带把尺，最好点到为止。

〇言之有忌：说话谨慎，切忌口无遮拦。

销售冠军读后感悟		
序号	读后感悟	智者之心声
01	您的高看法	
02	您的新想法	
03	您的好建议	
您智慧的发现		

第五招　销讲演说是关键，收人收心收市场

公众演说魅力秘籍之说到销讲，大家联想最多的就是讲课，只要是销讲人都知道从事销讲就是“销售的演讲”，在销讲中要取得大的成功一定是要具备演说演讲能力，所以，演说能力很重要。而目前销讲讲师大部分没有接受过专业系统的培训，导致销讲演讲基础知识不正确，越是讲的时间久越难纠正。

1. 销讲演讲的重要性

众所周知，从事销讲就是从事销售演讲，如新产品上市路演、招商成交、营销会议、销售绝对成交培训等，销讲演讲的能力将决定销售团队发展的进度，因为大家都知道只要是正规销讲讲师，不管是产品、公司或者文化都各有千秋，如何使自己的营销团队能够独占鳌头，这就需要销讲讲师具有综合销售讲演能力。从事销讲，前期是做事，后期是做人，其中就包括个人的各方面能力提升。所以，唯有销讲才是传达销售绝对成交的观念的最佳手段，同时也是传达与复制各种销售成交操作办法的最好途径之一。所以，销售演讲是每一位销讲人必修课程之一。

销讲核心秘籍：销讲的天龙九步

（1）销讲现场布局造趋势：根据销售成交的产品、品牌、企业、企业家或核心商业领导人等进行全面打包包装上市，营造社会财富的发展大势，为销讲招商绝对成交打下坚实的基础。

（2）销讲现场团队造气势：在销讲会议营销现场所有与会服务人员团队目标一致，专业、精英、实力、战斗力强悍，执行力一流，领导力一流，以业绩才是硬道理为结果导向，打造一流的狼性精英团队。

（3）销讲现场政策上借势：销讲绝对成交商业模式、产品销售政策、盈利模式等进行全面攻其有备，全面出击。

（4）销讲现场模式上借势：销讲绝对成交利益模式，是销讲成交的关键，好的、优质的、强大的模式，能自动吸引客户成交，并持续稳定地增长客源。

（5）销讲现场营销上造势：销讲对企业、产品、品牌、销售策略、市场、渠道、客户等进行营销造势，达到全面销售成交的有效目的。

（6）销讲现场产品上得势：销讲绝对成交，在产品价值、意义、作用、特质上进行全面大力塑造与铺垫，打造品牌一流的影响力与吸引力，让产品成为市场上最好与唯一的产品。

（7）销讲现场心法上入势：销讲绝对成交要收心、收人、收市场，紧紧锁定与抓住客户的心是关键，成交先交心，心抓住了，销讲成交也成功了。

（8）销讲现场成交上顺势：销讲绝对成交以收人、收钱、收客户为基准，紧紧抓住客户的痛点，进行找痛、挖痛、解痛锁定成交节点，环环相扣、步步为营、全面绝对成交，更好地服务客户，满足客户的需求。

（9）销讲现场压单上收势：销讲绝对成交如何成为压单、踢单、促单、抢单、收单高手，必须精准把握各个销讲环节，细心锁准客户需求的着力点，采纳快、准、狠的狼性成交法。

2. 销讲人演讲的目的

（1）激励效应。每场演讲不管是讲什么，都应该起到激励销售的效果。激励是精神动力的源泉，只有适时的激励才能保证销售冠军团队更好地发展，这就是为什么在销讲中惯用领导人的收入来激发团队坚持心和成功心。其实每个行业都有人成功，只是销讲界需要用成功案例来激发销售冠军团队的梦想，当销售团队成员有了足够的梦想，成功的希望才会更大。

（2）复制效应。销讲强调的就是复制，前期人少还可以手把手地教，等团队一做大就需要“批发”复制，只有这样才能效率最大化，而这种效率莫过于演讲。

（3）信任效应。每场的演讲无论什么样的性质注重的都是结果，而这种结果取决于听众对演讲内容的信任。所以一场成功的演讲总能潜移默化地使听众产生信任。

（4）学习效应。在销讲中演讲肯定要让听众有所感悟，不管是掌握制度、产品或了解公司，都要让每位听众有新的感触点。

（5）行动效应。我们在演讲中讲得再多，不管是促使新朋友办单还是老朋友增加士气，最终的目的都是为了使大家采取行动，这样演讲的付出才有其价值所在。

3. 销讲演讲的注意事项

销讲人最惯用的方式就是演讲，然而一次成功的演讲应具备丰富的知识面以及注意演讲的细节，在整场的演讲过程中应该注意五要素。

（1）销讲演讲的布局。在演讲的过程中布局是非常重要的，因为什么样的布局将会决定什么样的氛围，怎样的氛围又将影响到授课效果，在整体的演讲过程中应该根据不同的课题不同的性质采取不同的布局，在演讲中大致分为四大性质：动态、静态、理性和感性，不同性质的内容，布局和授课方式都不一样。

（2）演讲的开头。在演讲开头的一分钟之内，听众将决定有没有兴趣听，只要开头开好了，接下来的演讲就会比较简单，一旦开头没开好，没有调动起听众的兴趣，后面的内容将很难弥补。

（3）演讲肢体动作。演讲中肢体语言是至关重要的，因为肢体将决定状态，状态将决定效果，俗话说："外行看热闹，内行看门道"，卓越的演讲家包括上场、拿话筒的动作、鞠躬、眼神、手势、站姿、表情整个肢体都将决定你是否专业。

（4）演讲的互动技巧。演讲互动是至关重要的，好的演讲师总是在幽默互动的环节中传达所要表达的内容，然而这也是很多销讲讲师所不具备的，在整个演讲的过程中应该懂得多提问，只有跟听众互动才能更好地打开听众的心扉，使听众思想与课程内容结合一体。在互动问话的过程中，销讲讲师应该懂得问简单的问题，问封闭式问题，比如“是”“好的”的问题，这样就很容易互动。恰恰相反，很多的销讲演讲人就喜欢问些复杂的问题，问一些开放式的问题，导致无法控场。

4. 销讲演讲的控场技巧

演讲之前，销讲讲师首先要懂得自我心理暗示：我的演讲很精彩，一定能帮到他们。最好是在演讲前先熟悉会场，这有利于演讲的效果。应事先了解听众对象，懂得把握听众心理，适时的互动、幽默有利于学员打开心门。

5. 演讲互动四大技巧

在演讲过程中，演讲者要和听众进行互动，才能调动现场气氛，吸引听众的注意力。怎样互动才有好的效果呢?

（1）通过举手促进参与。让听众举手似乎很困难，有一个小窍门，就是演讲者自己先把手举起来，这时所有人的焦点都在演讲者的这只手上，就不会去左顾右盼看其他人有没有举手，自然更容易配合举手。

（2）提问引发思考。演讲时提出问题既可以控场，也可以形成互动。提出问题就是将疑问抛给听众，让他们思考。可能不是所有人都分享进行了回答，但是多数人都会认真思考。听众思考过的和演讲者分享讲出的效果是完全不同，前者能给听众留下更深刻的印象。

（3）化句号为问号。化句号为问号也是一种重要的互动方式，具体方法是在一句话的后面加上“好不好”“是不是”“对不对”等词，听众回答的同时就产生了很好的互动。

（4）巧妙引导创造互动。每个人都有表达自己的愿望，演讲者要善于给听众提供这样的机会。让听众很好地参与进来，进行很好的互动。需要注意的是，引导要选择一些大家都耳熟能详的话语，否则没有人能接下去，也就没有办法进行互动。

总之，要成为一名卓越的演讲人，就应该具备丰富的知识量，只有头脑里存的知识足够多，才能够灵活运用。所谓人法天、天法道、道法自然，只要平时多学多悟，加上专业的演讲教练指导，你就肯定能成为卓越的销讲演讲演说销售冠军。

销售冠军成交智慧

刘邦只用一句："只要你把对方的三个城池打下来，其中有一个就是你的，给你封侯"，就能让韩信死心塌地为自己打天下。

马云创业初期，承诺"18罗汉"的成员："跟着我干，给你们30%的原始股份。"他们就心甘情愿地跟着马云开启艰辛的创业之路，直到阿里巴巴成功上市。

以上种种事迹都证明了销讲的重要性，通过销讲，可以留下人才，杜绝团队流失，成就一代伟业。

懂得销售的人很多，懂得演讲的人很多，然而精通销讲的人却很少！你是否也以为销讲就是演讲？为什么很多人会演讲却拿不到想要的结果？

狭义来说，销讲就是销售讲解，那真正意义上的销讲是什么呢？销讲就是把话说出去，把钱收回来，甚至能达到收人、收心、收灵魂，整合一切你所要的资源为你所用！

总之，"学会总裁销讲智慧，一定胜过千军万马。"

销售冠军读后感悟		
序号	读后感悟	智者之心声
01	您的高看法	
02	您的新想法	
03	您的好建议	
您智慧的发现		